D1734256

Natascha Thaler

# Populäre Märchen

Kulturgut als Massenware und Konsumprodukt

Diplomica Verlag GmbH

Thaler, Natascha: Populäre Märchen: Kulturgut als Massenware und Konsumprodukt, Hamburg, Diplomica Verlag GmbH 2013

Buch-ISBN: 978-3-8428-9196-8
PDF-eBook-ISBN: 978-3-8428-4196-3
Druck/Herstellung: Diplomica® Verlag GmbH, Hamburg, 2013
Covermotiv: © scusi – Fotolia.com
Bild Titelseite: © Petra Korenjak

**Bibliografische Information der Deutschen Nationalbibliothek:**
Die Deutsche Nationalbibliothek verzeichnet diese Publikation in der Deutschen Nationalbibliografie; detaillierte bibliografische Daten sind im Internet über http://dnb.d-nb.de abrufbar.

© Diplomica Verlag GmbH
Hermannstal 119k, 22119 Hamburg
http://www.diplomica-verlag.de, Hamburg 2013
Printed in Germany

Populäre Märchen

Natascha Thaler

# Inhaltsverzeichnis

# Danksagung

Ich möchte mich kurz an jene Menschen wenden, die mich während der Erstellung dieses Buches begleitet und unterstützt haben.

Zuallererst gebührt mein Dank meiner Familie, meinen Eltern und meinem Bruder, und meinen Freunden. Ohne Eure Unterstützung, Euren gedanklichen Input und Euren Kritiken wären einige Ideen nie zu Papier gekommen. Vielen Dank!
Natürlich geht ein großes Dankeschön an meinen Betreuer, Herrn Vass. Dr. Reinhard Kacianka. Ohne Ihre Ermutigungen, Ihre Stützen und Ihr Engagement hätte ich mich im Märchenwald wohl ein bisschen verlaufen. Vielen Dank!
Besondere Erwähnung und ein herzliches Dankeschön gebührt Petra Korenjak. Sie hat sich die Mühe gemacht das Titelblatt zu kreieren. Vielen Dank!

Ein weiteres Dankeschön geht an das Volkskundemuseum der Stiftung Schleswig-Holsteinische Landesmuseen Schloss Gottorf, Schleswig, die mir Ausstellungs- und Bildmaterialien zur Verfügung gestellt haben. Vielen Dank!
Nicht zu vergessen sind jene Menschen, welche mir die Erlaubnis zur Verwendung ihrer Bilder und Materialen gegeben haben: Matthias Ewald, Kip Lyall, Mary Pavlou und Eva K. Anderson mit Enaia Entertainment. Vielen Dank!

# Einleitung

Märchen begleiten uns durch unser Leben und durch unsere Kultur. Schon vor den Brüdern Grimm, deren Sammlung bereits 200 Jahre alt ist, waren Märchen in der Gesellschaft populär. Ihre Funktionen und Bedeutungen haben sich im Laufe der Geschichte und mit der Umformung der Gesellschaftsstrukturen gewandelt. Auch die verschiedenen Medien, durch die Märchen verbreitet und erzählt wurden und werden, haben die Märchen und ihre Popularität verändert und ihnen neue Sichtweisen und Perspektiven eröffnet. Märchen sind Teil unserer Kultur, unseres populären Wissens und unserer Kommunikation. Wir kommunizieren in Erzählungen, auch wenn uns dies nicht immer bewusst ist. Dadurch sind Märchenerzählungen, in ihren verschiedensten Formen und Erscheinungen, Kommunikationsträger von Wissen und Unterhaltung. In der Populär- und Unterhaltungskultur avancieren sie vom Vermittlungsinstrument zum Konsumprodukt und zum Gestaltungsmittel der Werbeindustrie und des populären Massenmarktes.

Diese Studie wird zunächst einen Blick auf die Beziehung von Medien, Kommunikation und Märchen werfen. Das Märchen selbst ist ein Medium und ein Kommunikationsmittel. Dennoch wird das Medium Märchen durch andere Medien adaptiert, umgeformt und verbreitet und so in den Kommunikationskreislauf und in populäre Diskurse eingebettet. Um das Medium Märchen zu verstehen und erahnen zu können, warum es ein solch populäres Medium ist, sollte man wissen wie es aufgebaut ist. Hierfür sehen wir uns die Märchenstilanalyse von Max Lüthi etwas genauer an. Sie versucht aufzuzeigen, warum das Märchen die Welt reflektiert und welche Perspektiven sich dadurch ergeben.

Ein Abstecher in den weitgefassten Bereich der Märchenforschung (der hier selbstverständlich komprimiert wurde) soll das Verständnis des Mediums Märchen in seiner Basis festigen. Definitionsversuche, Entstehungstheorien und Gattungsabgrenzungen sowie bekannte Sammlungen lassen die ungebrochene Popularität der Märchen in der Gesellschaft bereits erahnen.

Im letzten Kapitel treffen wir auf den populären Märchenboom, den neuen Erzählformen und den populären Verwendungen der Märchen. Von Klein auf werden wir mit Märchen in allen möglichen Formen konfrontiert, sie werden zum Bestandteil des alltäglichen Lebens und der Kommunikation. Ab und an sind wir uns der Omnipräsenz der Märchen bewusst und staunen, was für mögliche und unmögliche Erscheinungen bekannte Märchen und Märchenmotive annehmen können.

Die Popularität und Beliebtheit der Märchen beginnt mit drei Worten. Drei Worte, die uns unser ganzes Leben lang begleiten und das Leben zu einem Märchen wandeln.

Es war einmal ein Märchenerzähler
der hieß Eswareinmal

Er erzählte unzählige Märchen
kleinen und manchen großen Kindern

Die Kleinen träumten davon
die Großen erzählten sie weiter
kleinen und manchen großen Kindern

Die Geschichten fangen an mit den Worten
Es war einmal
(Ausländer, 1986: S. 258)

# 1. Medium und Medien

Medien, oder Medium, lassen sich vom lateinischen Wort *medium* ableiten, das mit *Mittel* übersetzt wird. Ein Medium ist folglich jegliche Form der Vermittlung zwischen getrennten Dingen, Objekten oder Personen. Diese Form, das heißt ein beliebiges Medium, ist wiederum die Voraussetzung „[...] für die Entstehung und Übertragung von [anderen] Formen." (Böhn/Seidler, 2008: S. 16) Was Medien somit nicht nur zu Vermittlungsinstrumenten sondern auch zu Gestaltungsinstrumenten macht. (vgl. Böhn/Seidler, 2008: S. 16; Faulstich, 1991: S. 10; Leschke, 2003: S. 12)

> „Der Mensch selbst ist nicht denkbar ohne Medien, in und mit denen er seine Erfahrungen macht und diesen Ausdruck verleiht." (Kloock/Spahr, 2007: S. 100)

Kommunikation und Medien unterliegen laufenden Veränderungen und doch ist ohne diese beiden Bereiche, ohne diese Medienprozesse, der Mensch und Kultur nicht möglich.

Der Mensch nimmt über Medien wahr und bildet sich durch sie sein Urteil, er informiert sich über Medien, speichert mit ihrer Hilfe Wissen und bezieht den größten Teil seines Unterhaltungsbedarfs von ihnen. Bereits Neil Postmann und Marshall McLuhan vertraten eine offensichtliche Auffassung von Medien, die auch wir uns eingestehen sollten: Die menschliche Wahrnehmung wird technisch (medial) zusammengestellt und geordnet. Medien beeinflussen Denkweisen und Weltanschauungen, sie bestimmen was der Mensch von der Welt und der Wirklichkeit vermittelt bekommt, was er sieht, hört und fühlt. Die Medien sind niemals nur reine passive und neutrale Ver- und Übermittler. Durch den Gebrauch von Kommunikationsmedien werden Erkenntnis- und Wissensstrukturen einer Gesellschaft systematisiert und geformt. Selbst die Kommunikation wird von Medien organisiert. Denn meist erhält nur jene Mitteilung oder Erzählung an Bedeutung welche medial überliefert, medial mitgeteilt und medial kommuniziert wird. Zugleich wird eine solche Mitteilung durch ihre mediale Gestaltung (Buch, Bild, Film) geformt. Somit konnten Märchen nicht nur über die Jahrzehnte bewahrt, gespeichert und übertragen werden, sie haben zugleich auch Weltbild und Wahrnehmungsmuster vergangener Epochen bewahrt.

Medien sind aus dem menschlichen Leben kaum mehr wegzudenken – kein Bereich, ob politische oder soziale Systeme, keine Organisation, welche ohne Medien, ob nun Kommunikations- oder Informationsmedien, funktionieren. Und teilweise bestimmen die Medien sogar Art und Weise einer Organisation.

Die Klassiker der Einzelmedien, *Text*, *Bild* und *Ton*, verschmelzen im digitalen Zeitalter miteinander und eine Abgrenzung untereinander ist kaum noch möglich. Medien und Kommunikation wurden *multimedial*. (vgl. Böhn/Seidler, 2008: S. 23; Faulstich, 1991: S. 7; Hartmann, 2008: S. 7 und S. 13; Kloock/Spahr, 2007: S. 7f., S. 53 und S. 100 – 104)

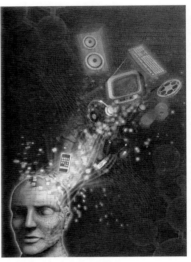

Abb. 1: Medien formen uns und
unsere Denkmuster
© Matthias Ewald

Märchen sind ein Medium – durch sie wurde und wird Wissen überliefert, Erinnerungen bewahrt und Gesellschaften geformt. Zunächst wurden die Märchen meist mündlich weitergegeben. Sie wurden zum alltäglichen Kommunikationsmittel und Kommunikationsmedium, die vor allem Wissen und Weltanschauungen weitergaben. Mit der Erfindung des Buchdrucks, und später mit anderen technischen, visuellen, auditiven und audiovisuellen Entwicklungen, wurde das Medium „Märchen" durch ein anderes Medium, zum Beispiel „Buch", „Schallplatte" oder „DVD", weitergegeben. Das Märchen stieg zum Vermittlungsmedium und später auch zum Gestaltungsinstrument auf.

Märchen sind heutzutage fast allgegenwärtig. Sei dies im täglichen Sprachgebrauch durch Redewendungen oder Allegorien. Oder in Karikaturen die Politik und das Sozialleben betreffend, oder auf Werbeplakaten und Werbeanzeigen oder in Straßennamen und im Internet. Kaum ein Bereich des menschlichen Lebens, in dem das Medium Märchen nicht aufscheint oder zumindest erwähnt wird. Kaum ein Medium, welches das Märchen nicht durchwanderte und sich durch und mit den Medien veränderte.

Medien beeinflussten das Erzählen und das Erzählen beeinflusste die Medien, neue Kommunikationstraditionen entstanden. Die Medien haben die Möglichkeiten des Märchens und dessen Kommunikation vervielfältigt. (vgl. EM 9, 1999: Sp. 467ff.)

## 1.1.   Mediale Weitergabe durch Sprache, Schrift und Medien

### Oralität – Mündlichkeit – Medium Sprache

Voraussetzung zur mündlichen Kommunikation ist die Anwesenheit von zwei Personen, Sender und Empfänger, zur selben Zeit am selben Ort. Produktion und Rezeption finden beinahe zeitgleich statt, eine Speicherung der Information ist meist nicht möglich und die Aufnahmegrenzen sind alsbald erreicht, denn das menschliche Gehirn war vor der Erfindung der Schrift das einzige Speichermedium. Texte, die weitergegeben werden sollten, wurden oft metrisch oder poetisch geformt um sie einprägsam zu machen. Der Mensch wurde zum Medium (*Menschmedium*), der sich über das Medium Sprache mit anderen Menschen verständigte und sich ihnen mitteilte. Die zwischenmenschliche Kommunikation war somit, wie Neil Postmann bereits darlegte, durch die Mündlichkeit nicht nur dialogisch aufgebaut, sondern auch in einen sozialen Kontext eingebunden.

Märchen wurden und werden von Mensch zu Mensch innerhalb eines sozialen Kontextes – ob nun im Rahmen einer Vorlesung, eines Treffens in einem Gasthaus oder als Gute-Nacht-Lektüre – mündlich und dialogisch weitergegeben, erinnert und erzählt. In heutiger Zeit ist dazu oft nicht mal mehr die Anwesenheit in ein und denselben

Abb. 2: Hörspielkassetten: Medium Sprache wird Orts-, Zeit- und Präsenzunabhängig

Raum oder der gleichen Zeitzone notwendig: durch das Medium Telefon, oder die Internettelefonie, kann eine Person einer anderen Person eine Erzählung übermitteln und sowohl örtlich als auch zeitlich voneinander getrennt sein. Durch die Medien Radio und Hörspiel werden Märchen sogar unabhängig von Zeit, Ort und Präsenz mündlich weitergegeben. (vgl. Böhn/Seidler, 2008: S. 18 und S. 28ff.; EM 9, 1999: Sp. 466; Kloock/Spahr, 2008: S. 106; Wilke, 2008: S. 4f.)

**Literalität - Schriftlichkeit – Medium Schrift**
Zeit- und Ortsgebundenheit wurden mit der schriftlichen Kommunikation vollends aufgehoben, die Rahmensituation veränderte sich. Die schriftliche Nachricht ist vom Handlungsrahmen des Senders losgelöst und wird der Interpretation und dem Verständnis des Empfängers ausgesetzt. Auf beiden Seiten ergeben sich neue Möglichkeiten zur Gestaltung und Weitergabe von Informationen. Kaum ein Medium hat den Menschen, das alltägliche Leben und das Gesellschaftsgefüge mehr beeinflusst als die Schrift. Sie lieferte die Basis zur Strukturierung von Gesellschaften, von Staat, Handel, Recht und Religion.

Durch die Literalität wurden, gemäß Neil Postman, ältere mündliche Kommunikationsformen verdrängt oder neu geformt und alte Wissensmonopole aufgebrochen. Zum

Beispiel musste man nicht mehr auf die kirchliche Autorität angewiesen sein um etwas über Gott, Jesus Christus oder die Bibel zu erfahren. Man konnte sich die Bibel und andere religiöse Schriften in gedruckter und gebundener Form kaufen und selbst zu Hause studieren. Literalität erschuf dem Menschen eine neue Kommunikationswelt mit neuen Möglichkeiten: Vergangenheit, Gegenwart und Zukunft wurden durch die Schrift verbunden. Die Schriftlichkeit hat als Kultur- und Medienwandel das gesamte Weltbild, Anschauungen und die Denkmuster der oralen Kultur verändert.

Abb. 3: Das Märchenbuch
        Eine neue Mündlichkeit

Durch die schriftliche Aufzeichnung, der daraus resultierenden Vervielfältigung und der sich neu ergebenden Kommunikationsformen hat sich auch das Märchen verändert. Das Buch gab dem Märchen eine feste Form und die orale Weitergabe schien in den Zeilen zu erstarren, denn Märchen werden meist so weitererzählt wie sie in den Büchern stehen, auch wenn diese untereinander sehr stark variieren. Nichtsdestotrotz hat die Schriftlichkeit dem Märchen zu einer neuen Mündlichkeit verholfen, denn durch das Medium der Schrift wurden Weitergabe und Verbreitung sowie Interpretationen für den Menschen erleichtert und sogar neu geformt.

(vgl. Böhn/Seidler, 2008: S. 30 – 37; Hartmann, 2008: S, 13; Kloock/Spahr, 2008: S. 106f. und S. 109; Wilke, 2008: S. 5)

**Intermedialität – Das Medium als Medium**

Bei Intermedialität geht es um die Beziehungen zwischen den Medien. Der Mensch tritt dabei in den Hintergrund und die räumliche und zeitliche Trennung, sowie eine Anwesenheit seitens der Akteure spielen immer weniger eine Rolle bei der Weitergabe und Vermittlung. Diese Beziehungen können zwischen den althergebrachten oder digitalen neuen Medien bestehen. Es kann sich aber auch um einen Medienwechsel, um die parallele Nutzung zweier Medien oder um die Inszenierung eines Mediums in einem anderen handeln.

McLuhan legte das Grundgerüst für die Intermedialität: „Der Inhalt eines Mediums ist immer ein anderes Medium" (Hartmann, 2008: S. 74) Somit finden sich Fernsehfilme als Inhalt von Kinofilmen wieder, Theaterstücke werden in Filmen umgesetzt oder sogar live übertragen. Jedoch geht es heutzutage nicht mehr nur um den Inhalt eines Mediums sondern um das Medium selbst und vor allem darum welche Qualität es liefert. Es geht auch um die gleichzeitige Verwendung von Bild und Ton, Theater und Film oder Sprache und Musik.

Das Märchen bewegt sich intermedial durch die Medien: Zunächst wird die Mündlichkeit des Märchens Inhalt des neuen Mediums Literalität. Die Schriftlichkeit vor allem ist es, die das Märchen mit fast allen Medien verbindet. Das Buch wird Inhalt von neuer Oralität, denn das Märchen wird aus Büchern vorgelesen und später sogar im Radio übertragen und auf Schallplatten und Kassetten aufgezeichnet. Das Märchen wird Inhalt von visuellen, textuellen und auditiven Medien, die untereinander in einer Beziehung stehen und das Märchen als Inhalt und Medium verwenden. Den größten medialen Anteil an Märchen haben heutzutage die audiovisuellen Medien. Das Märchen wird als Inhalt in Ton, Bild und Text gleichzeitig verwendet. Die audiovisuellen Medien treten auch mit den anderen Medien, die Märchen verwenden, in Beziehung und nutzen diese. Die Weitergabe und Verbreitung erfolgt durch und von Medien, das Medium wird selbst zum Medium. (vgl. Baltes/Höltschl, 2011: S.136; Böhn/Seidler, 2008: S. 165f.; Hartmann, 2008: S. 74; McLuhan, 1987: S. 8; Seibert, 2007: S. 9)

Abb. 4: Illustrierter Medienwechsel

    Ein Märchen wird in Ton, Bild und Text gleichzeitig verwendet.
    Es ist eine Weitergabe von Medien durch Medien und zeigt auf, dass
    Oralität und Lateralität Inhalt der Intermedialität sind.
    (Schneewittchen und die sieben Zwerge, US 1937, 00:01:38 und 00:02:02)

## 1.2.   The Medium is the Message

Marshall McLuhan scheint es auf den Punkt gebracht zu haben: „The Medium is the message!" Nicht der Inhalt des Mediums ist ausschlaggebend, sondern der Umgang mit dem Medium indem der Inhalt transportiert wird ist von Bedeutung. Dieser Gebrauch hat soziale Auswirkungen, das heißt, die Wirkungsweisen von Medien und Medienwandel haben durch ihre Anwendung, nicht durch ihren Inhalt, das menschliche Leben verändert. Medien können, nach McLuhan und Neil Postman, somit unbemerkt die Welt einteilen und Einfluss nehmen. Kommunikationsmedien können Menschen und Kulturen, ihr Denken und ihren Geist prägen. Sie sind ein elementarer Faktor, wenn es darum geht Kenntnisse, Wahrnehmungen und Erfahrungen innerhalb einer Kultur kommunizierbar zu machen.

Dem zufolge wirken Märchen durch das Medium auf Menschen ein. Es ist egal wie das Märchen erzählt wird oder was erzählt wird, denn das jeweilige Medium, durch dass das Märchen vermittelt wird, verändert es und liefert so neue Anwendungsmöglichkeiten und neue Sichtweisen.

Jeder Medienwandel, jede Umstrukturierung der Ausdrucksformen, ist mit einem gesellschaftlichen Wandel im Bereich der Werte und Erfahrungen verbunden. Für jede Zivilisation war daher eine andere Kommunikationsform prägend, so war zum Beispiel vor allem Literalität und Druck für die Entwicklung der westlich-europäischen Gesellschaft formend. (vgl. Baltes/Höltschl, 2011: S.11 und S. 136f.; Hartmann, 2008: S. 11f.; Kloock/Spahr, 2007: S. 48f., S. 100 – 104; McLuhan, 1987: S. 7f.; Robier, 2000: S. 25f.)

> „Medienwandel gründet auf Medienbegegnung,
> die zu Medienverschiebung und Medienfusion führt." (Schmitt, 2008: S.11)

Im globalen Ausmaß und in immer kürzeren zeitlichen Abständen treten ‚neue' Medien zu den bekannten ‚klassischen' Medien, die ihrerseits noch gar nicht solange diese Position innehaben, und manövrieren diese Klassiker auf andere Systemplätze oder vermischen sich mit ihnen und schaffen wiederum *neue* Medien. Es erfolgt kein Entmachten der älteren Medien, sie werden nicht verdrängt, vielmehr geht es um eine „[...] Umformung der kommunikativen Landschaft, in der die neuen und alten Medien miteinander koexistieren, kooperieren oder konkurrieren." (Rubini Messerli, 2008: S. 21)

Im menschlichen Leben gibt es kaum mehr einen Bereich der ohne neue Medien und neue Technologien funktioniert. Immer öfter und rascher vollzieht sich ein Medienwandel, für die Menschen ist er kaum noch bemerkbar. Zu selbstverständlich wird alles Neue in den Alltag integriert und die Grenzen zwischen der Massen- und Individualkommunikation und ebenso zwischen privater und öffentlicher Kommunikation verschieben sich, es entstehen neue Kommunikationsformen und Medienmischformen.

Der Medienwandel und die somit entstehende Medienvielfalt veränderten und verändern die Alltags- und die Erzählkultur und somit auch die Märchen: Es werden neue Kanäle und Formen des Erzählens geschaffen. Beim Medienwandel geht es aber nicht nur darum, wie Erzähltes und Märchen durch Veränderungen in der Medienlandschaft selektiert, umgewandelt, verformt, weiterentwickelt oder vervielfältigt wird. Erzählforscher stellen sich unter anderem die Frage, „[...] wie Erzählbedürfnisse und -traditionen ihrerseits die Medien beeinflussen, deren Entwicklung mitbestimmen oder gar Medienwechsel mit auslösen" (Schmitt, 2008: S. 13), denn erzählen ist transmedial. Erzählungen durchwandern die Medien und verbinden sie zugleich. So kann ein bestimmtes Märchen zuerst in Buchform existieren, dann im Radio vertont werden, danach gelangt es ins Fernsehen und kann sogar in einem Computerspiel umgesetzt werden, ohne, dass es seine Bedeutung verliert. Unterschiedliche Darstellungsweisen bringen durch die Transmedialität neue Erzählformen und ein neues Rezeptionserlebnis. (vgl. Baltes/Höltschl, 2011: S. 10 und S. 96; EM 11, 2004: Sp. 909; Rubini Messerli, 2008: S. 21; Schmitt, 2008: S. 11ff.; Sereinig, 2004: S. 9)

Abb. 5: Die Schöne und das Biest als Computerspiel: Auf dem Buchmärchen basierend, können Kinder ab 8 Jahren in dieser multimedialen Umsetzung die Rolle der Schönen oder die des Biestes übernehmen. Mittels Geschicklichkeits- und Denkaufgaben soll der Fluch gebrochen werden.

Dadurch ergeben sich neue Erzählstrukturen und neue Wahrnehmungen und Perspektiven auf das französische Märchen.

## 2. Erzählen als Kommunikation

Kommunikation wird je nach Fachbereich und Disziplin sehr unterschiedlich und weitläufig aufgefasst, sie wird als Erkenntnisgegenstand verwendet und jede Disziplin hebt die für sie relevanten Aspekte der Kommunikation hervor. In der Erzählforschung tritt Kommunikation vor allem als direkte und indirekte Übermittlung von Bedeutungen durch auditive oder visuelle Medien auf. Medien werden hier als Kommunikations- und Informationsträger angesehen. (vgl. Böhn/Seidler, 2008: S. 2; Burkhart/Hömberg, 2007: S. 1; EM 8, 1996: Sp. 97)

### Erzählen als Kommunikation

Nicht nur Märchen und Geschichten werden erzählt. Nein – das menschliche Leben und die Kommunikation zwischen Menschen besteht aus *erzählen*. Das Erzählen, dazu gehören auch die Märchen, ist eine der ursprünglichsten Weisen des zwischenmenschlichen Begegnens und der Kommunikation.

Abb. 6: „Der Mensch ist ein erzählendes Wesen." (Fischer, 2008: S. 75)

Erzählen ist, wie Kurt Ranke es ausdrückte, eines der „[...] elementarsten Bedürfnisse [des] menschlichen Wesens [...]" (Kurt Ranke zit. n. EM 2, 1979: Sp. 390) und war und ist auf allen Ebenen des gesellschaftlichen Lebens verbreitet. Man könnte sagen, der Mensch existiert um zu erzählen, er ist ein *homo narrans*. Dies lässt die Frage aufkommen, was für den Menschen, den homo narrrans, so wichtig zu sein scheint, dass es in künstlerischen Erzählungen immer wieder weitergegeben wird? Erzählungen und

Märchen scheinen das grundlegende Bindeglied zu sein, um sich die Welt und dessen Wesen zugänglich zu machen. Durch das Erzählen wird die Welt verständlich, durch das Erzählen kann man die Welt verändern und formen. Für Rudolf Schenda ist „das Erzählen eine weitverbreitete, ja eine lebensnotwendige Tätigkeit des Menschen [...]" (Schenda, 1993: S. 37). Der Mensch definiert sein Selbst, seine Identität, über Kommunikation – durch das Erzählen weiß der Mensch wer er ist. „Menschsein definiert sich ganz zentral über die menschliche Fähigkeit zu erzählen." (Willms, 2009: S. 70) Egal zu welcher Zeit, egal in welcher Kultur, wenn Menschen sich trafen und zusammenkamen, haben sie sich Märchen und anderes Erzählgut erzählt: Es wurde zur Unterhaltung, Belustigung und Belehrung erzählt, überliefertes Gut und altes Wissen wurde weitergegeben, Erinnertes und Erlebtes wurde geschildert, moralische Werte, Kultur und Brauchtum wurden vermittelt, National- und Einzelidentitäten wurden geformt, neue Erzählungen und Märchen wurden erfunden. All dies und noch mehr machen Erzählungen und Menschen noch heute, es scheint, als wären dies die Beweggründe des homo narrans zu sein, Erzählungen weiterzugeben. Das Märchen liefert folglich Einblicke in die Kommunikationsentwicklung des homo narrans, denn das Märchen ist sowohl Produkt als auch Objekt dieser Verständigungsprozesse. (vgl. EM 2, 1979: Sp. 386 – 406, EM 4, 1984: Sp. 315f.; Fischer, 2008: S. 75; Pöge-Alder, 2007: S. 11; Schenda, 1993: S. 37 und S. 50; Schneider, 2009: S. 5; Taube, 2009: S. 10; Willms, 2009: S. 68 – 70)

## Alltägliches Erzählen und Populäre Lesestoffe – Erzählen im Alltag

Der Bereich ‚Alltägliches Erzählen' umfasst Erzählgut, das aus Erinnerungen, Berichten und Erlebnissen besteht. Diese Alltagsgeschichten orientieren sich am Inhalt (Familienerinnerungen, Kriegsberichte, Reiseberichte, Arbeitserinnerungen, Brauchtum), sind weitestgehend realistische Erzählungen und weisen gegenüber den Volkserzählungen eine eher kurze Traditionsstrecke auf. Sie werden vor allem in einem einheitlichen sozialen Umfeld erzählt, innerhalb dessen sich Bedingungen und Entwicklungen nicht allzu rasch ändern und treten daher vermehrt im Bereich der Landwirtschaft und anderen transparenten Berufen auf. Dennoch ist der Inhalt der Alltagserzählungen nicht so alltäglich wie er sich anhört. Die realistischen Erzählungen handeln von *nicht*

*alltäglichen* Ereignissen, die den Trott des Alltags durchbrechen und somit wert sind in Erzählungen, Geschichten und Märchen weitergegeben zu werden.
(vgl. EM 1, 1977: Sp. 323 – 330; Schenda, 1993: S. 49)

Die Verbreitung von populären Stoffen oder Texten war in einer zum Großteil analphabetischen Bevölkerungsschicht vor allem durch die mündliche Weitergabe gesichert. Später, als die Bevölkerung lesen lernte, wurde die mündliche Tradition durch die literarischen Texte gestützt und geformt. Mündlichkeit und Schriftlichkeit wurden kommunikativ vermengt, der gelesene oder vorgelesene populäre Text beeinflusste das mündliche Erzählen.

Moralische Prinzipien, Weltanschauungen, Werte und Handlungsweisen wurden den Menschen über Erzählungen und Märchen näher gebracht. „Die Popularisation des Moral- und Sittengesetzes ist eine ihrer [des Märchens, d. Verf.] wichtigsten Aufgaben." (EM 1, 1977: Sp. 411) Dadurch waren und sind Märchen als populäre Stoffe vor allem in der Pädagogik sehr beliebt.

„Das Märchen als populäre literarische Gattung in Europa ist ein Produkt der Frühen Neuzeit." (Neuhaus, 2005: S. 45) Märchen und Erzählungen sind in das Alltagsleben eingebunden. Meist scheint man sie zu vergessen oder als zu wenig aktuell zu erachten. Und dennoch erlangen Märchen immer wieder einen hohen Popularitätsplatz in der Gesellschaft. Dies geschieht durch neu geformte Erzählungen oder durch alte oder antike Stoffe, die durch Überarbeitungen und Bearbeitungen neu in Umlauf gebracht werden.

Durch die heutige Kommunikationsvielfalt sind Märchen permanenter Bestandteil der Alltags- und Populärkultur und deren Erzählungen. Märchenstoffe und –fragmente finden sich in der alltäglichen Werbung, im Fernsehen, im Buchhandel, in der Bildung, im Leben selbst und in der täglichen Kommunikation. (vgl. EM 1, 1977: Sp. 411 und Sp. 413f.; EM 8, 1996: Sp. 100, Sp. 951f.; EM 10, 2002: Sp. 1199ff.; Neuhaus, 2005: S. 45)

Abb. 7: In das Alltagsleben eingebettet

Märchen begegnen uns beinahe täglich,
sie werden immer wieder durch neue
Bearbeitungen, Neuerzählungen und
Neuverwendung in den Umlauf gebracht
und sind in unsere Kommunikation und in
unser alltägliches Leben eingebunden.
© traffiQ Frankfurt/Main Kampagne 2012

Abb. 8: Werbung mit der Wahrheit:
n-tv berichtet nicht,
n-tv *erzählt* täglich Nachrichten

Abb. 9: Populäres Erzählen mit
Märchenmotiven vom
Karriere- und Liebesratgeber
bis hin zu Belletristik und
Fachliteratur

# 3. Was das Märchen zum Märchen macht

Das deutsche Wort *Märchen* ist eine Verkleinerungsform des mittelhochdeutschen *Mär* oder *Märe*, dessen mittelalterliche Bedeutung von ‚Nachricht, Kunde' oder ‚kurze Erzählung' sich hin zum ‚Gerücht' zur ‚unwahren Nachricht' entwickelte. Die abwertende Ansicht bezüglich der Märchen ist heute noch in der Aussage: „Erzähl kein(e) Märchen!" ersichtlich. Diese negative Konnotation hat sich vor allem im Bereich des tatsachengerechten Berichtes gehalten.

Eine wesenhaftere Bedeutung erlangte das Märchen gegen Ende des 18. Jahrhunderts, als aus dem Französischen die ‚Contes de fées' (die Feenmärchen) und die Erzählungen aus ‚Tausendundeiner Nacht' in die deutsche Literatur vordrangen. Es erfolgte ein Umdenken zur Wesensart der Märchen, was sich auch in der Aussage: „So schön wie ein Märchen aus Tausendundeiner Nacht!" widerspiegelt. Dieses Spannungsverhältnis zwischen guter und schlechter Konnotation des Begriffes – das Märchen als Welt der Lüge und gleichzeitig als höhere, bessere Welt – ist bis heute ersichtlich. Zusätzlich wurden Geschichten im 19. Jahrhundert, denen man eine mündlich volkstümliche Tradition zuordnete (angeregt durch die Sammlertätigkeiten und Werke der Brüder Grimm, Johann Gottfried Herder und Johann Wolfgang Goethe und vielen anderen Schriftstellern) immer häufiger als Märchen oder Volksmärchen bezeichnet. Die Herkunft aus dem Volke war für lange Zeit das gewichtigste Kriterium für die Anwendung des Begriffs Märchen und aufgrund dessen gab es auch lange Zeit keine einheitliche Begriffsbestimmung.

Heutzutage unterliegt der Begriff Märchen im deutschen Sprachraum einer inflexibleren Deutung als in anderen Ländern, in denen Übergänge und Schwankungen innerhalb der Märchen stärker auftreten. Im deutschsprachigen Raum ist der Märchenbegriff vor allem von den Brüdern Grimm geprägt. Märchen werden meist als „[...] eine Geschichte in der Art, wie sie die Brüder Grimm [...] zusammengestellt haben." (Jolles, S. 219) bezeichnet und die Marke *Gattung Grimm* wurde dadurch gefestigt. (vgl. Bausinger, 1992: S. 175; EM 9, 1999, Sp. 250 - 274; Jolles, 1972: S. 219; Kahn, 1993: S. 7; Lüthi, 2004: S. 1; Lüthi, 2005: S. 7; Neuhaus, 2005: S. 1 – 3; Poser, 1980: S.7 – 10)

## 3.1. Merkmale und Motive

Das Märchen wird heutzutage als ein künstlerisches Produkt angesehen, dessen unzählige Definitionsversuche und Beschreibungen eher einen Merkmalkatalog ähneln als einer treffenden Beschreibung des Begriffs ‚Märchen'. (vgl. Pöge-Alder, 2007: S. 24) Es folgen fünfzehn Merkmale, die das Wesen des Märchens zusammenfassen sollen.

1. Gattungskomplexität – Das Endprodukt ‚Märchen' beinhaltet Merkmale und Motive der verschiedensten künstlerischen Texte. Es ergeben sich Vermischungen und Verzweigungen mit Sagen, Romanen, Legenden und vielen anderen. So zum Beispiel besitzen Novellenmärchen, die sehr einem Roman oder einer Novelle ähneln, märchentypische Aspekte in Handlung, Personal und Darstellung.

2. Selbstverständlichkeit – Das Wunderbare, das Numinose (zum besseren Verständnis siehe den untenstehenden Exkurs), das Zauberhafte wird im Märchen als selbstverständlich wahrgenommen. Übernatürlichen Wesen und zauberhaften Gaben wird ohne Angst und ohne Zweifel an dessen Existenz begegnet.

3. Reale Verhältnisse – Familiensituation, Alltagswissen und gesellschaftliche Stellung wird im Märchen äußerst genau dargestellt. Zum Beispiel das vernachlässigte jüngste Kind von drei Geschwistern; eine machtvolle sozial höhergestellte Person, wie ein König; das verstoßene Stiefkind.

4. Absichtliche Fiktionalität – Das Märchen suggeriert eine gewollte Illusion des Geschehens. Diese Illusion wird durch Formelhaftigkeit zu Anfang und zum Schluss, fehlende Orts- und Zeitangaben sowie formelhafte Wendungen unterstützt.

5. Überlagerung von historischen Schichten – Dies sind nicht immer die offensichtlichen Dinge, wie Königtum und Rittermut. Es handelt sich hier vor allem um alte Glaubensvorstellungen und Brauchtum, deren ursprünglicher Sinn heutzutage nicht mehr geläufig ist. So zum Beispiel, ist der abenteuerliche Auszug der Königskinder zum Wasser des Lebens in der Vorstellung begründet, dass Wasser oder Blut magische Heilwirkung habe.

6. Requisitenverschiebung – Gegenstände, Dinge oder Figuren treten im Märchen mancherorts in einer anderen Funktion als in der ihnen eigenen und bekannten Alltagsfunktion auf. Auch können sie der Zeit und Umgebung angepasst werden. Ein König kann somit als Präsident auftreten oder die Kutsche wird gegen einen Privatjet eingetauscht.

7. Wahre Lügen – Das Märchen lügt und spricht dennoch die Wahrheit.

8. Klassische Märchenwahrnehmung – Die Brüder Grimm haben die typische Märchenästhetik Europas geprägt und somit ein charakteristisches Märchenbild geschaffen. Die Beschreibung dieser Ästhetik wird heute vor allem auf Max Lüthi zurückgeführt.

9. Entindividualisierung – Darstellungen und Schilderungen im Märchen besitzen im Gegensatz zur Sage keinen Bezug auf vermeintliche individuellen Erlebnisse oder kollektive Erfahrungen.

10. Unterschied zum Kunstmärchen – Ein klarer Aufbau und eine klare Struktur, sowie (offiziell) keine namentlichen Autoren und genauen Entstehungszeiten unterscheiden das Volksmärchen vom Kunstmärchen. Beim Kunstmärchen kann der Autor unter anderem Rückblenden, Beschreibungen oder Kommentare einbauen und das glückliche Ende auslassen.

11. Strukturierung – Das Märchen ist klar gegliedert: Es kommt zu einer Mangelsituation oder es treten Schwierigkeiten auf und der Held oder die Heldin sieht sich gezwungen zu handeln und zieht aus um Aufgaben und Prüfungen zu bewältigen. Die Strukturierung bedingt die Entstehung und Einteilung in Typenkataloge.

12. „Happily Ever After" und Antimärchen– Der Zuhörer erwartet sich als Ziel der Handlung einen typischen Märchenschluss. Der Held oder die Heldin haben allen Schwierigkeiten getrotzt und erhalten nun die Belohnung für ihre Mühen. Dies kann sich durch eine Heirat, durch Reichtum oder durch einen gesellschaftlichen Aufstieg (z. B.: vom einfachen Mädchen zur Königin) manifestieren.

Demgegenüber steht das ‚Antimärchen', wo das glückliche Ende anscheinend fehlt. Vor allem ist dies bei moralisch belehrenden Erzählungen, traditionellen Sagen oder ätiologischen Märchen der Fall.

13. Märchenrealisierungen als Kunstwerke – Mündliche und schriftliche Verwirklichungen von Märchentexten werden als eigene Kunstwerke angesehen. Hierbei fließen Performanz, Gestaltung und Vermittlung sowie Rezeption in den Prozess mit ein. „Jede Performanz eines Märchens hat das Potenzial, ein Kunstwerk zu bilden, das Teil der Tradierung werden kann." (Pöge-Alder, 2007: S. 28)

14. Lesekanon und Vermarktung – Mit der Formierung der bürgerlichen Familie im 18. Jahrhundert traten die Märchen in ihre entscheidende Rolle der Kinderliteratur ein. Der neue Lesekanon im Schulbereich brachte eine prägnante Bearbeitung der Texte mit sich, sie wurden kindgerecht zusammengestutzt, entsexualisiert, sprachlich gereinigt und neu dargestellt. Die Märchen wurden zum vermittelnden Medium von moralischen und erzieherischen Werten für Kinder und Jugendliche. Hier begann die Vermarktung und mediale Transformation des Kulturgutes, die bis heute anhält.

15. Funktionalität – Märchen bekommen Funktionen zugeteilt: Sie sind unter anderem Wissensvermittler, Unterhaltungsobjekt, Mittel zur Konfliktbewältigung und tragen zum sozialen Gemeinschaftserlebnis innerhalb einer Erzählrunde bei.

(Quelle: vgl. Pöge-Alder, 2007: S. 24 - 30)


## 3.2. Märchenstil und -ästhetik nach Max Lüthi

Max Lüthi wirkte maßgeblich auf die Märchendiskussion des 20. Jahrhunderts ein. Sein Begriffsapparat zur Märchenbeschreibung wurde zum Maßstab in der literarischen Märchenbetrachtung.

Lüthi ging bei seinen Überlegungen von der Darstellungsart des Märchens aus, die er als Stilanalyse bezeichnete. Seine Analyse sollte vor allem eine formale Betrachtung der Texte, eine Analyse von Form und Gestalt sein und keine inhaltliche Interpretation oder

Deutung dieser liefern. Wenn Lüthi Märchen deutet, dann in bildhafter Weise, denn er sah das Märchen als eine Kunstform. Dadurch bietet er einen Zugang zu ihrem symbolischen Verständnis an.

Hier setzen die Kritikpunkte an. Laut Bengt Holbek, der Teile der Stilbeschreibung Lüthis akzeptiert, interpretiere Lüthi nicht, er beschreibe lediglich ein Phänomen. Kurt Ranke warf Lüthi vor, er beachte das Märchen nicht als lebendiges Erzählgut und Lutz Röhrich meinte, Lüthi gehe von einem zu starren Modell aus und würde die Vorformen des Märchen und dessen Nähe zur Sage übersehen. Lüthi selbst sagte von vornherein, dass er von einem Idealtypus ausgehe, den es in der Realität nicht gebe, und dass diese Ansicht es ihm erlaubte das Märchen als Kunstform zu analysieren.

Max Lüthi vertrat aber vor allem die Ansicht, dass der Hörer oder Leser sich die Freiheit nehmen sollte, um zu seiner eigenen persönlichen Anschauung der Märchensymbolik zu finden. (vgl. Lüthi, 2005: S. 6f.; Pöge-Alder, 2007: S. 204 und S. 209; Poser, 1980: S. 45 – 49)

### 3.2.1. Exkurs: Das Numinose

Diesem merkwürdig klingenden Wort wird man im Bereich der Märchen und in dieser Arbeit des Öfteren begegnen. Doch was will es einem sagen? Worauf weist es hin?

1917 leitete der evangelische Theologe Rudolf Otto das Numinose vom lateinischen ‚numen' (überwirkliche, als göttlich verstandene Wesenheit) ab, um das Gefühl gegenüber dem Unheimlichen und das gleichzeitige Gefühle des Vertrauens beim Anblick des Göttlichen zu beschreiben. Es bezeichnet somit eine „[...] geheimnisvolle, übernatürliche Wirkkraft; etwas Jenseitiges von [...] unbestimmter Gestalt, das den religiös empfindenden Menschen erschreckt oder fasziniert." (EM 10, 2002: Sp. 154)

In der Erzählforschung wurde der Begriff des Numinosen vor allem von Max Lüthi in der Gattungsdifferenzierung des Märchens verwendet. Sage und Legende verwenden als Mittelpunkt ihrer Erzählungen meist ein numinoses Geschehen, welches sowohl faszinierendes Erschauern als auch gläubiges Staunen hervorruft. Beide Gattungen leben in der Zweidimensionalität, denn sie unterscheiden zwischen dem Diesseits – die alltäglich erlebte Welt – und dem Jenseits – die ‚andere' Welt. In der Eindimensionalität des Märchens jedoch stehen beide Welten nebeneinander und überschneiden sich. Das

Wunder verwundert nicht. Für Lüthi wird das ‚Andere' vor allem durch das Unscheinbare, das Hässliche und das Numinose, besonders aber durch das Schöne repräsentiert. Der Begriff des Numinosen ist heutzutage etwas verblichen und wird zum Synonym für das ‚Jenseitige' und ‚jenseits', damit geht auch der Bezug zum menschlichen Erleben (z. B.: staunen oder ängstigen) verloren, es wird fast ausschließlich nur mehr von numinosen Gestalten (z. B.: Gespenster oder Feen usw.) oder von numinosen Handlungen (z. B.: Hexen oder Ufo-Sichtungen usw.) gesprochen. (vgl. EM 10, 2002: Sp. 154 – 159)

In diesem Buch wird der Begriff des Numinosen mit dem Jenseitigen, dem Märchenhaften oder dem Fantastischen konnotiert.

### 3.2.2. Eindimensionalität

Die jenseitige, numinose Welt – diese phantastische, übernatürliche Welt voller Feen, Hexen, Riesen, sprechenden Tieren, ja selbst lebendig erscheinenden Elementen und Gestirnen – scheint geheimnisvoll und voller Wunder und man möchte ihr mit Ehrfurcht, Staunen und manchmal sogar Angst begegnen. Doch der Mensch aus den Märchen, der Märchenheld oder die Märchenheldin, haben keine Zeit um sich über derart Seltsames zu wundern oder an diesem zu zweifeln. Hilfe von jenseitigen Gestalten, zum Beispiel unbekannte plötzlich

Abb. 10: Personifikation des Wetters
Sonnen- und Wolkenkönig

auftauchende Helfer, wird gerne angenommen und wie beiläufig verwendet und genutzt, um danach wieder den Weg aufzunehmen. Gaben und Geschenke von Jenseitigen werden einmal verwendet und geraten danach in Vergessenheit. Aufgaben werden ohne weiteres erledigt, weil am Ende zum Beispiel eine Prinzessin auf Erlösung wartet. Wunderdinge werden nicht aus Abenteuerlust erkämpft, sondern weil sie vermutlich einer anderen Person Heilung bringen oder die Hand einer Prinzessin versprochen wurde. Auch werden geheimnisvolle Truhen oder Gegenstände erst im Augenblick der

Not oder Gefahr geöffnet oder verwendet und nicht zuvor aus Neugierde sofort nach Erwerb jener. Drachen und Hexen lösen keine Angst aus, sprechende Tiere keine Verwunderung. Obwohl all diese Wesen und Objekte offensichtlich einer ,anderen Dimension' anzugehören scheinen, werden sie behandelt als gehören sie zur gegenwärtigen Welt oder Dimension einfach dazu. [Anm. d. Verf.: Dimension wird hierbei nicht als räumlich, sondern als geistig aufgefasst. Es handelt sich also um eine geistige Dimension.]

In der Sage scheint die jenseitige Dimension in der diesseitigen Dimension verankert: Kobolde wohnen im gleichen Haus wie die Menschen, Alpgeister, Feen und Menschen teilen sich den gleichen Berg, den gleichen Wald – sie alle sind sich räumlich nah. Im Märchen leben jenseitige Gestalten nicht in der Nähe, um ihnen zu begegnen muss man in die Ferne wandern, hinter die sieben Berge, in eine andere Dimension. Das Märchen unterscheidet sehr wohl zwischen Diesseitigem und Jenseitigem, nur ist der Umgang mit dem Numinosen, dem Jenseitigen, völlig unbefangen. Der Märchenheld, oder die Märchenheldin, empfindet bei der Begegnung mit Wundern nichts und hat auch nicht das Gefühl sich in einer anderen Dimension zu befinden oder damit konfrontiert zu werden. Für den Menschen im Märchen scheint das Unfassbare leicht zugänglich, als würde es ihm entgegenkommen, daher ist das Märchen *eindimensional*. Es kommt zu einer Integration von zwei Dimensionen, eine menschliche und eine außermenschliche Welt gleichen sich an. (vgl. Lüthi, 2005: S. 8 – 12; EM 3, 1981: Sp. 1207 – 1210; Pöge-Alder, 2007: S. 206f.; Poser, 19080: S. 17)

### 3.2.3. Flächenhaftigkeit

Nicht nur die Unterscheidung zwischen numinoser und profaner Welt fällt dem Märchen schwer. Es fehlt ihm unter anderem auch an Tiefe und Raum in fast allen Ebenen: in der räumlichen, geistigen, zeitlichen und seelischen. „Es verzaubert das Ineinander und Nacheinander in ein Nebeneinander. [...] [Es] projiziert die Inhalte der verschiedensten Bereiche auf ein und dieselbe Fläche." (Lüthi, 2005: S. 23) Märchengestalten erscheinen Körper- und Zeitlos, sie scheinen keinen Raum einzunehmen, keine Beziehungen oder Gefühle zu besitzen sondern nur aus *Fläche* zu bestehen. Die Märchenwelt mit ihren Figuren und ihren Gegenständen scheint auf einer Ebene, einer

31

Fläche, zu existieren. (vgl. EM 4, 1984: Sp. 1240ff.; Lüthi, 2004: S. 30; Lüthi, 2005: S. 13 und S. 23; Pöge-Alder, 2007: S. 207)

**Gegenstände, Menschen und Tiere**

Im Märchen auftauchende Alltagsgegenstände oder Gebrauchsgegenstände (z. B.: Stäbe, Ringe, Schlüssel, Federn u.v.m.) fehlt der Bezug zur täglichen Verwendung und zum Raum. *Gegenstände* werden oft nur ein einziges Mal verwendet und sind nur für eine bestimmte Handlung vorgesehen. Sie sind nicht in den Lebensraum des Besitzers miteinbezogen, sie wirken isoliert, unveränderlich und flächenhaft.

Gegenstände in der Sage (z. B.: Kessel, Pflug, Kleidung, Brot u.v.m.) sind Gebrauchs- gegenstände, die in den Alltag integriert sind. Sie werden immer wieder verwendet und gewinnen durch das Ab- und Zunehmen (z. B.: jenseitiges Brot, das angebraucht wurde wächst wieder nach) an Raum. Im Märchen behalten die Gaben ihre Form.

Auch die *Menschen und Tiere* des Märchens erscheinen körperlos und oberflächlich. Während in der Sage der Körper an sich greifbar wird, sei es durch Verletzung oder Krankheit (meist mit einer genau beschriebenen Wirkung der Krankheit auf den Befallenen), gehen im Märchen solche Begebenheiten ohne erhebliche Veränderungen von- statten. Egal ob der Körper oder Mensch oder Tier von Krankheit befallen sind oder ob Gliedmaßen oder Körperteile abgeschnitten oder abgehakt werden – es ist kein Tropfen Blut zu sehen, kein Schmerz zu spüren, keine Beeinträchtigung in jeglicher Art festzustellen. Der oder die Betroffene verfahren weiter als wäre nichts geschehen. (vgl. EM 4, 1984: Sp. 1240ff.; Lüthi, 2005: S. 13f.; Poser, 1980: S. 16)

**Gefühle, Eigenschaften, Verhalten**

Im Märchen trifft man selten auf *Gefühle und Eigenschaften*, sie tauchen kurz auf, wenn sie die Handlung beeinflussen und selbst da werden sie nicht beim Namen genannt. Gefühle und Eigenschaften werden durch Handlungen ausgedrückt: Arglosigkeit wird durch das Vertrauen in die heimtückische Person dargestellt, Edelmut durch das Helfen anstatt des Bestrafens einer Person. Märchenfiguren haben kein Innenleben. Und sollten dennoch Gefühle (z. B.: weinen oder klagen) genannt werden, so dienen diese nicht der

Vertiefung des Charakters, sondern um die jenseitigen Helfer durch diese Reaktion auf einen aufmerksam zu machen.

Das *Verhalten* der Figuren ist scharf und flach gezeichnet, die Möglichkeiten des Handelns sind auf verschiedene Figuren aufgeteilt: eine Person ist gut, eine andere böse und die nächste steht für das Versagen. Und jede einzelne Person wird so handeln wie sie muss, wie die Handlung es vorsieht, mit gedankenloser Eindeutigkeit. Auch Intelligenz scheinen die Figuren nicht zu besitzen, denn zur Lösung von Aufgaben und Prüfungen wird immer ein Hilfsmittel oder ein Helfer herangezogen. Es ist auch nicht der innere Wille der zur Erfüllung der Prüfungen anhält, sondern Gaben, Ratschläge oder Verbote. Es wird nur dann gegen Verbote verstoßen, wenn es der Handlung dient. Das Märchen stellt die Gefühlswelt nicht dar, es „[...] übersetzt sie in Handlung [und] rückt die Innenwelt auf die Ebene des äußeren

Geschehens."
(Lüthi, 2005: S. 17) Somit wird Inneres zum Äußeren und es wird alles auf eine Ebene projiziert. Der Handlungsträger ist keine Persönlichkeit, er ist lediglich eine Figur. (vgl. EM 4, 1984: Sp. 1240ff.; Lüthi, 2004: S. 30; Lüthi, 2005: S. 15ff.; Poser, 1980: S. 16)

Abb. 11: Fleiß und Faulheit
Gehorsam und Renitenz
Ein Mädchen tut alles was man ihr aufgibt ohne zu fragen, das andere Mädchen fühlt sich an keine Verpflichtungen gebunden.
KHM 24 Frau Holle

**Umwelt**

Der Märchenmensch hat, im Gegensatz zur Sage, keine *Umwelt*. In der Sage lebt, handelt und arbeitet der Mensch in seinem Heimatdorf, wo man auch auf seine Beziehungen und Freundschaften trifft. Sollte er in die Ferne reisen, so wird ihn unwillkürlich das Heimweh packen. Im Märchen gibt es zwar auch ein Heimatdorf oder eine Stadt, aber dieser Ort kommt meist nur im Augenblick des Auswanderns vor oder taucht kurz noch einmal auf, da der Held oder die Heldin zurückkehrt. Jedoch darf man hier nicht auf eine Rückkehr aufgrund von Emotionen schließen, sondern weil es die Handlung erfordert. Der Märchenmensch ist nicht ortsgebunden, vielmehr gibt es Unmengen an Beweggründen warum man das Dorf oder die Stadt verlassen muss, um etwas zu erleben oder zu erreichen. Genauso wenig gibt es ein verwandtschaftliches Umfeld oder lang andauernde Beziehungen. Verwandte, Geschwister, Eltern, Ehepartner oder jenseitige Helfer tauchen nur dann und nur so lange auf wie es die Handlungslinie erfordert oder sie von Nutzen sind. Die Märchenfigur ist isoliert, sie hat keine Beziehungen, keine Gefühle und keine Umwelt. (vgl. EM 4, 1984: Sp. 1240ff.; Lüthi, 2005: S. 17 – 20)

## Zeit

Selbst die *Zeit* ist flächenhaft gezeichnet. Es gibt alte und junge Menschen, der Märchenheld und die Märchenheldin selbst besitzen ewige Jugend, wer für hundert Jahre verzaubert wurde, altert nicht – der Zeitablauf ist bedeutungslos. Am deutlichsten wird dies bei KHM NR. 50 ‚Dornröschen': Die Heldin erwacht jung und schön aus dem hundertjährigen Schlaf, das Feuer fängt wieder an zu lodern, der Braten brutzelt, die Fliegen kriechen weiter und der Küchenjunge bekommt eine Ohrfeige. Der Kleidungsstil scheint sich auch nicht verändert zu haben und das Schloss ist nach hundert Jahren nicht baufällig. Das Vergehen der Zeit ist nicht wahrnehmbar oder spürbar. In der Märchenwelt gib es keine alternden Menschen oder alternde Jenseitige, der *Prozess des Altwerdens* scheint nicht auf. Junge sind immer gleich jung und die Alten immer gleich alt. Die Hauptfigur zeigt keine Spuren der Zeit oder des Alterns, er oder sie hat keine Narben, keine Falten, keine grauen Haare. Wenn jemand stirbt, dann nur um den Helden eine Aufgabe zu erteilen oder den Schlusspunkt der Handlung aufzuzeigen. Das Erleben der Zeit ist genauso bedeutungslos wie ein denkbares Innenleben der Figuren.

Anders bei Charles Perrault, der in seinen Märchen der Zeit Struktur gibt. Er erwähnt Stunden, Tage, Monate und Jahre und gibt seinen Märchen nicht nur ein Gefühl von Zeit, sondern auch einen Zeitraum in dem die Handlung spielt. In der französischen

Frühversion von Dornröschen ‚Die schlafende Schöne im Wald' wird dies gut ersichtlich:

„ So sprachen sie vier Stunden miteinander und hatten sich noch nicht die Hälfte der Dinge gesagt. [...]
Der Prinz half der Prinzessin beim Aufstehen: sie war völlig angekleidet, und zwar auf das prächtigste; allerdings hütete er sich wohl, ihr zu sagen, daß sie wie zu Großmutters Zeiten gekleidet war. [...]
Geigen und Oboen spielten alte Stücke, die jedoch wunderbar klangen, obgleich man sie schon seit hundert Jahren nicht mehr spielte."
(Perrault. 2006: S.64)

Abb. 12: Die schlafende Schöne im Walde

Auch in der Sage erscheint die Zeit greifbar. Wenn eine Figur mehrere Jahre in einem unterirdischen Reich lebte, so wird er oder sie bei der Rückkehr in die diesseitige Welt zu Staub zerfallen oder er oder sie wird zum alten gebrechlichen Menschen. Die Person erlebt, seelisch und körperlich, in einem Augenblick die ganze Macht der Zeit. Veränderungen vollziehen sich im Laufe von Wochen, Monaten, Jahren oder Jahrhunderten, man kann einen zeitlichen Ablauf beinahe spüren und wahrnehmen. Im Märchen fällt dies weg. Veränderungen geschehen meist plötzlich, schlagartig und beinahe schon mechanisch. Ein Prozess des Werdens, Wachsens oder Vergehens ist nicht ersichtlich. (vgl. EM 1, 1977: Sp. 404 – 407; Lüthi, 2005: S. 20 – 23; Perrault, 2006: S. 64)

### 3.2.4. Abstrakter Stil

Nicht nur die Flächenhaftigkeit entrückt das Märchen der Wirklichkeit. Auch der Stil spielt mit der ‚Wirklichkeitsferne' des Märchens. „Es schafft [die konkrete Welt] um, es verzaubert ihre Elemente, gibt ihnen eine andere Form und erschafft so eine Welt völlig eigenen Gepräges." (Lüthi, 2005: S. 25 H.i.O.) Die Märchenwelt gewinnt an Festigkeit und Form indem sie sich durch ihre *abstrakte* Darstellung von der realen Welt loslöst. (vgl. Lüthi, 2005: S. 25)

**Scharfe Konturen, Metalle und Minerale, reine Farben**

Nach Lüthi können sich die einzelnen Figuren durch Kontur und Farbe voneinander abheben, denn: „Die Fläche als solche ist es, die nach Konturen und Farben ruft. [...] auf der Fläche sind die Linien scharf und eindeutig." (Lüthi, 2005: S. 25) Lüthi nimmt Bezug auf die Malerei, denn diese bearbeitet Flächen. Der wirklichkeitsferne Charakter einer Fläche, denn eine Fläche ist wie der Märchenheld oder die Märchenheldin in sich selbst isoliert, kann durch die Malerei verwischt oder erhöht werden. Das heißt die Malerei kann auf einer Fläche Rundungen und Wirklichkeit vortäuschen, kann aber andererseits auch die Fläche an sich hervorheben und durch auffällige Farbgebung und scharfe Konturen betonen. Genau dies macht das Märchen.

Sieht man sich Märchen etwas genauer an, so fällt auf, dass es keine detailreichen Schilderungen von Wäldern, Häusern, Städten und vielen mehr gibt. Das Märchen schildert nicht, es nennt die Dinge nur, verleiht ihnen eine *scharfe Kontur*, es malt sie nicht aus wie zum Beispiel Erzählungen aus ‚Tausendundeiner Nacht' in die Paläste und Städte wunderbar und lange beschrieben werden. Nur was für die Handlung von Bedeutung ist wird erwähnt, der Held oder die Heldin werden von Punkt A zu Punkt B geschickt ohne nach links und rechts zu blicken. Schilderungen würden zu sehr in die Tiefe gehen. „Die bloße Nennung dagegen lässt die Dinge automatisch zu einfachen Bildchen erstarren. Die Welt ist eingefangen ins Wort, kein tastendes Ausmalen gibt uns das Gefühl, dass nicht alles erfasst sei." (Lüthi, 2005: S. 26)

Abb. 13: Gold als Lohn und Charakterzug KHM 24 Frau Holle

Genauso gern, wie das Märchen die Dinge auf den Punkt bringt, genau so bereitwillig *metallisiert und mineralisiert* es Dinge und Lebewesen. Ganze Städte oder Brücken sind steinern, eisern oder gläsern, Häuser und Schlösser diamanten oder golden,

36

Wälder, Pferde oder Menschen können eisern, silbern, golden oder kupfern sein oder in Stein verwandelt werden. Zur Märchenrequisite zählen goldene Gewänder oder Haare, Edelsteine und Perlen, goldene Äpfel, gläsernes Werkzeug, goldene Spinnräder und vieles mehr. Am Liebsten verwendet das Märchen die edlen und seltenen Metalle wie Gold, Silber und Kupfer, denn „das Seltene, Kostbare hebt sich aus seiner Umgebung heraus, es steht isoliert." (Lüthi, 2005: S. 28) Feste, starre Materialien, Metalle und Minerale erlauben dem Märchen sich selbst eine bestimmte Gestalt und feste Form zu geben.

Auch die starke Leuchtkraft und reine Farbe der Edelmetalle sticht hervor und zeichnet somit den Gegenstand, zum Beispiel ein goldenes oder weißes Pferd, scharf von der Wirklichkeit ab. Die Klarheit und *Reinheit der Farben* zeigen auch den Unterschied zur Wirklichkeit auf. In der realen Welt existiert eine Fülle von Farben, Farbmischungen und Schattierungen, welche im Märchen nicht vorkommen. Nur klare, reine Farbe wird verwendet, vor allem sind dies: Gold, Silber, Rot, Weiß, Schwarz und etwas Blau. Weiß und Schwarz werden als Kontrastfarbe verwendet, Gold und Silber spiegeln das Metallische wieder und Rot ist die auffälligste Farbe, welche die Aufmerksamkeit auf sich lenkt. Die einzige Mischfarbe die vorkommt ist Grau, welche aber einen metallischen Charakter besitzt und des Öfteren durch Eisen ersetzt wurde (z. B.: das Graumännchen wird zum eisernen Mann). Dinge und Gestalten, die mit einer Farbe beschrieben werden, heben sich klar und scharf von den anderen farblosen Dingen ab.
(vgl. Lüthi, 2004: S. 29ff.; Lüthi, 2005: S. 25 – 29)

Zur etwas genaueren Betrachtung der Farben empfehle ich dem Leser den Eintrag über ‚Farben, Farbsymbolik' In: EM Band 4, 1984, Spalte 840 – 853, sich durchzulesen. Für Metalle, wie Gold und Silber sind auch die Einträge ‚Gold, Geld' In: EM Band 5, 1987, Spalte 1357 – 1272 und ‚Kupfer, Silber, Gold' In: EM Band 8, 1996, Spalte 624 – 627, sehr interessant.


## Handlungslinie

Die *Handlung* ist genauso scharf und bestimmt gezeichnet wie die Kontur oder die Farbe. Sie führt immer in die Ferne, weist den Figuren den weiten Weg in ferne Reiche, welche hell und deutlich gezeichnet sind. Märchenhelden und –heldinnen sind somit immer Wanderer. „Rein und klar entwickelt sich die Linie der Märchenhandlung vor unserem Auge. Sie wird getragen von einzelnen Figuren; [...] jede einzelne Figur [hat] ihre Handlungsbedeutung." (Lüthi, 2005: S. 29) Die Figuren und die Handlung sind klar und zielstrebig. Und die Figuren sind es auch die die Handlung tragen, sie sind Handlungsträger. Egal ob gut oder böse, Held oder Helfer, ob Tier oder Pflanze, diesseitige oder jenseitige Gestalten, die Figuren tauchen immer dann und dort auf, wenn die Handlung es erfordert und wünscht. Auch wenn die Figuren keine direkten Handlungsträger sind, so treten sie nicht nur als reine Requisite auf, sondern sind Handlungsbeweger und bewältigen so die Handlungssituationen. Die Handlungen selbst drehen sich um menschliche Verhaltensweisen und deren Darstellung: Stellen und Lösen von Aufgaben, Kampf, Intrige und Hilfe, Heilung, Mord, Gefangennahme, Erlösung, Befreiung, Rettung, Werben und Vermählen und natürlich das Begegnen mit der außernatürlichen Welt. Dies spiegelt sich auch in den Themen wieder: Sieg des Schwachen über den Starken, Schwache gegen Mächtige, Klugheit und Dummheit, Gegensatz von Schein und Sein oder Selbstschädigung. Ironie und Paradoxie runden den Handlungsverlauf ab. Zugrunde liegt der Handlung somit das Schema von Schwierigkeiten und dessen Bewältigung, von Aufgaben und deren Lösung und dahinter steht wiederum der ,gute Ausgang', die generelle menschliche Erwartung des *,Happy ever after'*, welches als Charakteristikum des Märchens gesehen wird. (vgl. EM 1, 1977: Sp. 35; EM 6, 1990: Sp. 464 – 472; Lüthi, 2004: S. 25f.; Lüthi, 2005: S. 29f.)

Abb. 14: Nach überstandenen Intrigen und erduldeten Ungerechtigkeiten, mit jenseitiger magischer Hilfe und nach dem Suchen und Finden nach der rechten Braut, können Cinderella und der Prinz heiraten und glücklich sein. (Cinderella, US 1950, 01:11:02)

**Formelhaftigkeit**

*Formelhafte* Anfänge und Schlüsse, sowie gereimte Sprüche und Satz- oder Wortwiederholungen, festigen die Form des Märchens. Zusätzlich arbeitet das Märchen mit Zahlen von festem Charakter und ursprünglicher ‚magischer' Konnotation und Energie. Verwendet werden die Einzahl, die Zweizahl, die Dreizahl, die Siebenzahl und die Zwölfzahl. Märchenheld oder –heldin sind entweder allein oder gehören zu einer Drei- oder Mehrheit (drei Brüder, zwölf Schwestern u. ä.), die Helfer oder Gegner tauchen meist allein auf oder zu dritt oder zu sieben. Sieben, zwölf und hundert stellen die Mehrzahl an sich dar und sind reine Stilformeln. Die Dreizahl wird vor allem in der Episoden- und Handlungsbildung verwendet, ist aber zusammen mit der Zweizahl eine Bauformel. Märchen sind entweder in zwei oder in drei Teile, beziehungsweise Episoden, (Zweier- oder Dreierrhythmus) gegliedert: Nach dem Gewinn eines Preises erfolgt dessen Verlust und somit eine neue Notlage oder ein Tab. Ein Verbot, wird nicht eingehalten, der Held oder die Heldin verliert die Frau, den Mann oder Geschwister und erst nach langer Wanderung ist es ihm oder ihr möglich diese zurück zu gewinnen. Im Märchen besteht vermehrt die Tendenz zu Dreizahl, und fast jedes Märchen enthält sie in irgendeiner Form: drei Aufgaben sind zu lösen, dreimal ereilt einen die Hilfe von Jenseitigen, dreimal erscheint der Gegner, drei Gaben werden ausgeteilt, drei Brüder brechen nacheinander auf um die Aufgaben zu lösen, drei magische Gegenstände sind zu holen. Im letzteren Teil, in der letzteren Episode des Märchens kann es zu einer Steigerung oder einer Wende kommen: Der Held oder die Heldin kämpft nun nicht mehr gegen ein dreiköpfiges, sondern gegen ein sechsköpfiges Ungeheuer, drei Prinzessinnen werden befreit, eine schöner als die andere, die drei Prüfungen werden von mal zu mal schwieriger oder zwei der Brüder versagen und der Dritte löst die Aufgabe. Die Dreizahl gibt dem Märchen Übersicht, Klarheit und Form. Sie kann Kontraste und Polaritäten aufzeigen und Bewegung und Festigkeit im Märchen darstellen.

Feste formelhafte Zahlen, Metalle und die Wiederholung geben dem Märchen zwar ein starres Aussehen, sie sind jedoch Elemente des abstrakten Stils. Die Grundlage und die Voraussetzung des abstrakten Stils bilden zum einen die Einsträngigkeit, die sich aus der linearen Handlungslinie ergibt und zum anderen die Mehrgliedrigkeit, die aus der Mehrzahl der Episoden innerhalb der Erzählung entsteht. (vgl. EM 3, 1981: Sp. 851 –

868, Sp. 879 – 886; EM 4, 1984: Sp. 1416 – 1440; Lüthi, 2004: S. 25f. und S. 30; Lüthi, 2005: S. 33f.; Poser, 1980: S. 25ff.)

**Extreme und Wunder**

*Extreme* Kontraste sind ein Lieblingswerkzeug des Märchens: Figuren sind zum einen absolut gut oder vollkommen böse, sie sind unübertrefflich schön oder abgrundtief hässlich, genauso sind sie entweder arm oder reich, sehr faul oder sehr fleißig. Man ist entweder von hoher Geburt oder vom niedrigsten Stand, man speist Kuchen oder Brotkrumen. Hochzeiten finden meist zwischen Adel und Bauernstand statt, es erwarten einem entweder grausame Strafen oder höchster Lohn und man trägt zum einen prachtvolle Kleider oder man ist vollkommen nackt oder in Lumpen gehüllt. Mit Vorliebe werden Held oder Heldin als äußerste Außenseiter der Gesellschaft oder als äußerstes Familienmitglied (jüngstes oder einziges Kind) präsentiert.

Der Schöne macht sich nur auf die Suche nach der Schönsten, oder nach der Schönheit an sich. Egal ob von Lebewesen oder Dingen die Sprache ist, Schönheit ist kaum anzusehen oder unbeschreibbar und es kommen hier meist Vergleiche zum Tragen (z. B.: schön wie die Sonne, die Schönste der Welt, betörender Gesang, duftende Erde...). Vor allem in den orientalischen Märchen dominiert das Schöne gegenüber dem Hässlichen. Schönheit und extreme Grausamkeit gehen meist Hand in Hand, so lässt zum Beispiel die schöne Prinzessin ihre Freier grausam töten (KHM 22 Das Rätsel) und die schöne Stiefmutter von dem noch schöneren Schneewittchen (KHM 53), will dieses umbringen lassen. Auch wenn manchmal, das Unscheinbare, das Niedere und Hässliche für etwas Wertvolles steht (z. B.: die Gänsemagd oder der Schweinehirt, die beide von königlicher Geburt waren), so wird es doch meistens als negativ empfunden. Hinzu kommen noch jede Menge Verbote und harte Bedingungen: jahrelanges Schweigen unter erschwerenden Umständen (z. B.: das Knüpfen von Nesselhemden und die Androhung verbrannt zu werden), extreme Armut oder Einsamkeit führen zu Teufelspakten und vieles mehr.

Der Inbegriff des Extremen, die Spitze des Abstrakten ist das *Wunder*. Verzauberte Menschen streifen die Tierhaut ab und sind sofort jung und schön, Schlösser werden in Dinge, wie Eier, verwandelt und zurückverwandelt, man sticht einer Prinzessin ins Ohr und sie

Abb. 15: KHM 11 Brüderchen und Schwesterchen
Ein Märchen der Extreme und Wunder:
Ein Mensch wird in ein Reh verwandelt. Der König findet und heiratet ein armes aber wunderschönes Mädchen. Die Königin wird von ihrer Stiefmutter getötet, kehrt aber als Geist zurück. Die Liebe des Königs und Gottes Gnaden geben ihr in letzter Sekunde das Leben wieder.

verwandelt sich in einen Vogel, tote Tiere können sprechen, abgehackte Gliedmaßen sind wie selbstverständlich wieder da, Hexen verwandeln sich in eine Quelle, eine Frau isst ein Kraut und gebiert ein Kind, plötzliche Verwandlungen blenden die Augen und so weiter. Dem Märchen ist nichts zu abwegig, nichts zu märchenhaft oder zu fern. Das Märchen wird durch einen Extremstil gekennzeichnet, vor allem sieht man dies an der Strukturierung durch Verbote und Aufgaben und durch das Setzen von Fristen, die meist im letzten Augenblick erfüllt werden.

Held und Heldin verkörpern manchmal beide Seiten des Extremen, zum einen verrichten sie die niedrigsten Dienste und stehen dann als Prinzgemahlin (z. B.: ‚Aschenputtel') oder Prinz vor einen. (vgl. EM 1, 1977: Sp. 918f.; EM 4, 1984: Sp. 710 – 715; Lüthi, 2004: S. 30f.; Lüthi, 2005: S.34ff.)

„Je mechanischer, je extremer die Verwandlung,
desto sauberer und präziser steht sie vor uns." (Lüthi, 2005: S. 36)

### 3.2.5. Isolation und Allverbundenheit

Viele der vorangegangenen Merkmale, vor allem der abstrakte Stil, finden ihren Ausgangspunkt im entschiedensten Wesensmerkmal des Märchens: der *Isolation* und der *Allverbundenheit*.

### Isolation

Bereits durch die Flächenhaftigkeit des Märchens, zum Beispiel fehlendes Staunen über das Numinose oder das Fehlen jeglicher Gefühlsregungen, wird ersichtlich das Märchenfiguren *isoliert* stehen. „Die Fläche ist abgelöst, in sich selbst isoliert. Die Märchenfigur hat keine Innenwelt, keine Umwelt, keine Beziehung zu Vorwelt oder Nachwelt, keine Beziehung zur Zeit." (Lüthi, 2005: S. 37) Die einzelnen Elemente wirken überdies an sich isolierend: Scharfe Konturen trennen Gestalten und Dinge, Farben und Metalle heben Besonderes hervor, Figuren und Gegenstände aus festem Stoff wirken starr und isoliert. Besonders trifft diese Isolation auf das Seltene und Kostbare sowie auf die Extreme zu: Gold und Diamanten, der König und der Arme, die Tänzerin im prächtigen Gewand. Märchenfiguren sind beziehungsisoliert, zwischen den Menschen besteht eine Handlungsbeziehung und keine Beziehung die auf Gefühle basiert, dies sieht man an der äußeren Isoliertheit, zum Beispiel wenn Eltern sterben oder man alleine in die Ferne wandert. Selbst die Handlung ist isolierend, denn sie gibt nur eine Linie vor, nicht aber den Handlungsraum oder das –mileu indem sich die Handlung vollzieht. Auch die Episoden sind in sich abgeschlossen. Jede neue (ähnliche) Situation wird neu behandelt, der Märchenheld oder die Märchenheldin machen keine neuen Erfahrungen, sie handeln aus der Isoliertheit heraus. Wenn neue Aufgaben gestellt werden und der Held oder die Heldin die Gaben zur Lösung bereits erhalten haben, so werden sie sich doch jedes Mal von Neuem zuerst die Frage stellen, was denn nun zu tun sei? Und wie sie das denn nur lösen sollen? Trotz der Ähnlichkeiten in den Situationen, werden keine Bezüge oder Zusammenhänge zu früheren Episoden hergestellt. „Das Märchen isoliert die Menschen, die Dinge, die Episoden, und jede Figur ist sich selber ebenso fremd, wie es die einzelnen Figuren einander sind." (Lüthi, 2005: S. 43) Aufgaben werden erledigt, Gaben werden verwendet und wenn alles vollbracht ist, wird von den Dingen nicht mehr gesprochen. Der isolierende Stil des Märchens gestattet es nicht, zu erwähnen, ob der goldene Esel später noch einmal gebraucht wurde oder ob der König den fliegenden Teppich benützt, nachdem alle Schwierigkeiten überwunden wurden. Durch den Isolationsstil ist es unter anderem auch möglich Fragen in der Art zu stellen wie es dem Geschehen entspricht. So dass zum Beispiel ein/e BetrügerIn (KHM 89 Die Gänsemagd) gefragt werden kann, welche Strafe ein/e BetrügerIn erhalten solle und der/die BetrügerIn wird, ohne einen Bezug zu seiner/ihrer Situation, auf diese ihm/ihr isoliert erscheinende Frage mit einer grausamen Strafe antworten, die ihm/ihr dann zuteil wird. Die in sich abgeschlossenen Episoden erlauben es dem Märchen inhaltlich sich ähnelnde Situationen zwei- oder dreimal zu erzählen und sogar dieselben Worte oder (formelhaften) Sätze zu erwähnen. Märchenfiguren, - motive und –züge sind aufgrund der Isolation beweglich, sie sind allgemein geläufig und symbolträchtig und dadurch für neue Zusammenhänge offen. Nicht nur neue Beziehungen innerhalb des Märchens sind möglich, durch Kommunikationsformen kann man Motive und Züge aus ihrem Kontext herauslösen und mit neuen Inhalten füllen (z. B.: in Werbung und Literatur).(vgl. EM 3, 1981: Sp. 1274 – 1280; EM 7, 1993: Sp. 321 – 324; Lüthi, 2005: S. 37 – 48)

**Allverbundenheit**

Erst die Isolation macht ein Zusammenspiel der Figuren und Handlungen möglich, es entsteht eine ‚*universale Beziehungsfähigkeit'*. Ohne zu wissen weshalb, machen sich Held oder Heldin auf die Reise in ein fernes Reich, dort kommt er oder sie genau zum richtigen Zeitpunkt an, um eine Aufgabe zu erfüllen und den gerechten Lohn einzustreichen. Mit zielsicherer Präzision kehren die zwölf Brüder (KHM 9) in just jenem Augenblick zurück, indem ihre Schwester verbrannt werden soll und das schwesterliche siebenjährige Schweigegebot zur Erlösung endet. Mit der gleichen Bestimmtheit wird der Blinde das finden was er sucht, Aschenputtel wird ihren Prinzen heiraten, der Verirrte findet seinen Weg nach Hause und ein Prinz auf der Suche nach der rechten Braut wird sie in dem ersten schönen Mädchen finden, dem er begegnet. „Das Märchen ist eine Dichtung, die den Zufall nicht kennt." (Lüthi, 2005: S. 51) Die Situationen im Märchen ereignen sind nicht zufällig und sind auch nicht abgestimmt aufeinander, sie entsprechen dem Märchenstil, der durch die Isolation und durch die Allverbundenheit möglich wird. Denn das gezielte Aufeinanderfolgen der Situationen ist eine Konsequenz des abstrakten Stils. (vgl. EM 1, 1977: Sp. 330; Lüthi, 2005: S. 50ff.)

Isolation und Allverbundenheit ergänzen sich einander und stehen sich gegenüber.

> „Nicht trotz ihrer Isolierung ist die Märchenfigur kontaktfähig mit allem und jedem, sondern *wegen* [Herv. d. Verf.] ihrer Isolierung. [...] Nächstes kann zu Nächstem ohne Beziehung bleiben, Fernes kann sich mit Fernem verbinden. Denn im Märchen ist sich alles gleich nah und gleich fern, alles ist isoliert und eben deshalb universal beziehungsfähig" (Lüthi, 2005: S. 52 und 53)

Im Vergleich zur Sage sieht man, dass die Elemente des Märchens völlig isoliert sind. Sie können bestehende Verbindungen lösen, neue eingehen und wieder lösen. Bindungen werden erst dann eingegangen, wenn es die Situation erfordert. Der Märchenheld, oder die –heldin, vergisst seine/ihre Eltern und seine/ihre Heimat, es sei denn die Handlung führt ihn/sie zurück. Der Helfer, zu dem nur eine kurzzeitige Beziehung besteht, verschwindet nach Überwindung der Schwierigkeit. Selbst eine feste Bindung wie die Heirat oder Ehe interessiert das Märchen nur insofern, solange es diese Beziehung wieder irgendwie auflösen kann. Wird die Heirat zu einer festen Bindung, ist dies meist der Schlusspunkt des Märchens.

In der Sage sind die Elemente miteinander verbunden und alles ist aneinander abgeglichen. Feste Bindungen werden kaum gelöst, sie sind ortsgebunden und Teil einer Gemeinschaft. Im Gegensatz zum Märchen ist die Sage nicht bereit Bindungen aufzulösen und neue, der Situation entsprechende Verbindungen einzugehen.

(vgl. Lüthi, 2005: S. 52f.; Poser, 1980: S. 17)

**Gabe, Wunder und stumpfes Motiv**

In der ,Gabe', dem ,Wunder' und dem ,stumpfen Motiv' findet die Isolation und Allverbundenheit ihre ausführlichste Verbildlichung.

Zentrale Position im Märchen bezieht die *Gabe*, sie ist das wichtigste Requisit des Märchens. Anders als in der Sage, in welcher die Gabe aus einer bewussten Beziehung und von bekannten Jenseitigen stammt, kommt die Märchengabe meist von unvermittelten und plötzlich entstehenden Beziehungen zu fremden Figuren. In der Sage ist der Mensch auf sich allein gestellt und muss auf seine Fähigkeiten vertrauen. Im Märchen ereilt ihm Hilfe, ohne diese er das Ziel nicht erreichen könnte. Die Gabe ist der Verbindungsträger zwischen dem Helden/der Heldin (den Diesseitigen) und dem Jenseitigen. Sie vergegenständlicht die Beziehung zwischen ihnen und die isolierte Märchenfigur kann dadurch in Kontakt zu beliebig vielen Helfern treten. Die Gabe ist „[...] eine in sich geschlossene isolierte Figur, [...] sie sieht aus wie ein gewöhnliches Ding, besitzt aber phantastische Wirkungsmöglichkeiten" (Lüthi, 2005: S. 55) und repräsentiert ‚äußere Isoliertheit' und ‚potentielle Allverbundenheit' in ihrer reinsten Form.

Die Steigerung der Gabe ist eine wunderbare Gabe, das *Wunder* (siehe dazu oben stehend: ‚Extreme und Wunder'). Es wird dem Märchenhelden oder der –heldin meist einfach so zuteil, sie bekommen genau das, was sie gerade benötigen, ohne einen Zusammenhang oder Grund zu nennen und den-

Abb. 16: Aschenputtel nimmt die Gaben und die Hilfe der Vögel als selbstverständlich wahr. Sie erst ermöglichen es ihr auf den Ball zu gehen und den Prinzen zu heiraten.
Diese Wunder halten aber nur solange an, wie sie benötigt werden.

noch ist es ein Handlungselement und hat eine bestimmte Bedeutung. Das Wunder ist nirgends und an nichts gebunden und doch allgemein zu allem und jeden beziehungsfähig. „Das Märchen fasst *alles* als ein isoliertes und universales beziehungsfähiges zusammen; das Wunder bringt beides nur scharf und lichtstark zum Ausdruck." (Lüthi, 2005: S. 56 H.i.O.)

Die Isolation kommt auch durch *stumpfe*, nicht komplett ausgenützte, *Motive* und blinde, funktionslose Motive zum Ausdruck. Einzelne Elemente wirken und weiten sich nicht in alle erwarteten Richtungen aus, das heißt, die eigentümlichen Wirkungen und Wesenszüge, die mit einem Element in Verbindung gebracht werden, treten nicht ein. So erfährt man zum Beispiel nichts über Herkunft und Zukunft der handelnden Figuren, das Wesen der Jenseitigen wird nicht genauer beschrieben, sie bleiben unbekannt und was mit gewonnenen Reichtümern geschieht wird nicht erwähnt. Gaben und Fähigkeiten können auf Jenseitige zurückzuführen sein oder gänzlich unbegründet bleiben und einfach vorhanden sein. Figuren handeln nach unabwendbaren Gesetzen, jedoch ohne zu wissen warum und weshalb. Personen oder Gegenstände werden erwähnt und sind anschließend im gesamten Märchen nicht mehr anzutreffen. Dinge und Gaben werden ohne Grund oder Begründung gefordert, ohne zu ahnen, dass man diese später tatsächlich benötigt, und Zaubersprüche und Formeln scheint man einfach so zu wissen ohne sie lernen zu müssen. Zum Beispiel weiß Grimms Aschenputtel, dass sie um Mitternacht den Ball verlassen muss, ohne das es ihr aufgetragen wurde und die Schwestern verlieren Zehe und Ferse ohne Schmerzen und ohne diese in der weiteren Handlung noch zu erwähnen. Das Märchen erklärt die Motive nicht, nennt nicht die Zusammenhänge. Es möchte so auf Gesetzmäßigkeiten hindeuten, welche im Verborgenen liegen. Diese stumpfen Motive lassen das Märchen geheimnisvoll und bestimmt zu gleich wirken. (vgl. EM 2, 1979: Sp. 467 – 471; EM 5, 1987: Sp. 630; Lüthi, 2004: S. 31; Lüthi, 2005: S. 53 – 60)

**Der Märchenheld, die Märchenheldin**

Der *Held* oder die *Heldin* sind der zentrale Träger der Isolation und der Allverbundenheit. Alle Personen und Dinge des Märchens sind isoliert und universell beziehungsfähig, jedoch wird die Beziehungsfähigkeit nur beim Helden oder der Heldin zu einer bedeutsamen, kurzfristigen festen Bindung und rückt somit die Isoliertheit ins Zentrum. Der Märchenheld/die –heldin folgt beharrlich und zielsicher der Handlungslinie und erfüllt sein/ihr Schicksal. Ohne an sich zu denken hilft er/sie anderen und erreicht so sein/ihr Ziel oder er/sie folgt nur seinem/ihrem Weg und erlöst dadurch jemand anderen.

So kann die Prinzessin durch die Absicht des Tötens den Froschkönig erlösen (KHM 1). Durch den Kauf eines Sklaven mit dem Geld, das einen ans Ziel hätte bringen sollen, hat der Held seinen wichtigsten Helfer erworben, der ihn an sein Ziel führt und aus der Not rettet. „Gerade dann, wenn die Märchenhelden ganz isoliert handeln, stehen sie, ohne zu wissen, im Schnittpunkt vieler Linien und genügen blind den Forderungen, die vom Ganzen aus an sie gestellt werden." (Lüthi, 2005: S. 61) Die Figur des Helden oder der Heldin gleicht jenen Personen, welche den Gral finden, weil sie ihn nicht suchen. (vgl. Lüthi, 2005: S. 56 und S. 60f.)

„Das Märchen begründet und erklärt nicht; aber es stellt dar. Seine Figuren wissen nicht, in was für Zusammenhänge sie stehen; aber sie lassen sich von diesen Zusammenhängen tragen und gelangen zum Ziel. [...]
Die Märchenhandlung selber erscheint als in sich geschlossen und doch abhängig von unsichtbaren Ordnungen. Vieles wird wirksam, ohne sichtbar zu werden. Manches wird sichtbar, aber nicht durchschaut." (Lüthi. 2005: S. 56)

## 3.2.6. Sublimation und Welthaltigkeit

Durch den abstrakten, isolierenden und flächenhaften Stil kann das Märchen alle möglichen Motive und Elemente nehmen und sie verwandeln. Es entleert und stilisiert sie – das Märchen *sublimiert* Motive und Elemente und kann so *welthaltig* werden. Das Märchen nimmt die Welt in sich auf und es reflektiert überdies die wesentlichen Grundzüge des Menschen. (vgl. Lüthi, 2005: S. 63, S. 69 und 72)

### Gemeinschaftliche, magische und numinose Motive

Viele Themen sind ‚*Gemeinschaftsmotive*', sie zeigen die Beziehungen zwischen dem Menschen und seiner Umwelt auf und sind meist profaner Natur, wie zum Beispiel (Braut)Werbung, Hochzeit, Kinderlosigkeit, Armut, Geschwistertreue oder Bruderzwist. Am häufigsten scheinen die *magischen* Elemente vorzukommen. Im Märchen finden sich allerlei zauberische Gegenstände oder Kleider, Blut- oder Namenzauber und allen voran die magische Dreizahl. Was man jedoch beim Märchen nicht vorfindet, ist die Anstrengung die mit dem Magischen und dem Zaubern und Verzaubern verbunden wird. Jeder Zauber wird mühelos ausgeführt. Ohne Zwang helfen einem Tiere, die Zauberverse fügen sich leicht in den Märchenstil ein, ein Ton vom Flötenpfeifchen und ein Erdmännchen erscheint. Das Magische wird, laut Lüthi, entmachtet, ebenso das mythische Motiv. Wird der Totenwelt bei Homer noch mit Angst und Schrecken begegnet, so betritt man sie in der Märchenwelt unbesorgt und gleichmütig.

Dass dem *Numinosen* ohne Gefühlsregung entgegengetreten wird, wurde bereits erwähnt. Darüber hinaus wird dem Numinosen die Unheimlichkeit und unbestimmte Gewalt genommen. Dass hinter den Verwünschungen andere Formen oder Tiere und hinter der Versenkung in den Schlaf ursprünglich der Tod stand, ist heute kaum noch nachvollziehbar oder ersichtlich. Und kommt eine solche Beziehung (zum Tod) im Märchen zur Sprache, geschieht dies höchst sachlich und nicht furchterregend. Durch

die Schärfe, die Klarheit, die Gestalt, die Farbe und durch das Material wurde das numinose Motiv zum „[...] Träger der extrem stilisierenden Märchenform [...]".
(vgl. Lüthi, 2005: S. 63ff)

Abb. 17: Geburten sind ein Gemeinschaftsmotiv, gelten im
Märchen oft als ein Wunder oder treten als magische
Gabe oder Resultat eines Zaubers auf und werden
dennoch profan behandelt.

**Sitten und Gebräuche, erotische und profane Motive**

Es scheint, dass nur die Volkskunde es vermag sie wahrzunehmen: alte Riten, *Sitten und Gebräuche*. Extreme Aufgaben, Gebäude und bestimmte Dinge in den Märchen weisen noch auf sie hin, werden heutzutage aber kaum noch in Beziehung mit Initiationsriten oder Brautwerben gebracht. Ebenso der Wirklichkeit entrückt sind die sexuellen und *erotischen* Stoffe. Im Märchen finden sich keine Erotik und keine Sinnlichkeit und auch nicht die Gefühle, die mit ihnen einhergehen. Die Geburt erscheint schmerzfrei und Nacktheit ist hier auch völlig unerotisch, da sie als Gegenstück zu den prachtvollen Kleidern als abstraktes Element verwendet wird. Viele Motive und Bilder mit ursprünglicher erotischer Konnotation tauchen zwar auf, werden aber völlig harmlos erzählt, dargestellt und aufgenommen. Daher kann der Froschkönig mit der Prinzessin das Bett teilen ohne das Hintergedanken aufkommen, eine Königstocher kann ein Tier zum Mann nehmen und Prinzessinnen können (liebes)krank darniederliegen, ohne dass irgendjemand, auch nicht Hörer und Erzähler, weiß um was für eine Krankheit es sich eigentlich handelt.

„Das Märchen versteht die von ihm verwendeten Symbole nicht mehr. [...] [Es] versteht ihren Sinn nicht mehr. Denn seine Motive sind allesamt entwirklicht." (Lüthi, 2005: S. 67) Dasselbe Verhalten treffen wir auch bei den *profanen* Themen an. Aufregende Erlebnisse, Begebenheiten und Geschehen werden, wie die einfachsten Alltagsbezüge und Funktionen, mit vollkommener Ruhe erzählt. Ohne ergreifend zu wirken und mit ruhigem Ton wird von Mord, Erpressung, Verrat oder Blutschande berichtet. Der Held oder die Heldin muss nicht gutmütig oder dumm sein um sein oder ihr Ziel zu erreichen, er/sie kann auch listig und schlau sein und sogar durch eine Lüge oder eine Gewalttat zum Ziel kommen. Dornröschens Erretter war nicht besser als seine Vorgänger, die in den Dornen ihr Leben ließen, er war einfach nur zur rechten Zeit, nach hundert Jahren, vor Ort. Im Märchen ist selbst das profane Böse nicht immer nur ausschließlich hässlich und das profane Gute nicht immer nur gutmütig. Wirft doch die Prinzessin mit Tötungs-absicht und nicht mit Güte den Froschkönig an die Wand und Schneewittchens Stief-mutter wird als eine äußerst schöne Frau beschrieben, nur dass eben Schneewittchen schöner ist. (vgl. Lüthi, 2005: S. 65 – 68; Poser, 1980: S. 17f.)

## Das Märchen trägt die Welt in sich

Jedes Motiv, sei es nun numinos, magisch, erotisch oder profan und alltäglich, kann vom Märchen strukturiert, verfeinert und nach Märchenweise verwendet werden. Es stehen dem Märchen eigentlich alle Möglichkeiten offen, denn es kann gewisse Figu-ren, Gegenstände und Abläufe immer wieder verwenden und auftreten lassen oder es lässt andere an ihre Stelle treten, ohne an Gehalt und Echtheit zu verlieren. Ein Tier kann aus Dankbarkeit oder auch ohne einen Grund helfen, Aufgaben können mit fremder Hilfe oder aus eigener Kraft bewältigt werden und Ungehorsam kann nicht nur zu Unheil, sondern auch zur Erlösung führen.

Das Märchen nimmt jedes Element auf und dadurch nimmt es die Welt in sich auf. In dieser Welt finden sich öffentliche und private Begebenheiten, Beziehungen und eine Palette menschlicher Möglichkeiten. Sei dies nun das Gemeinschaftsleben, wie Hoch-zeiten oder Geburten, oder Auseinandersetzungen mit der Familie oder anderen Perso-nen. Die Erwerbung von Fähigkeiten und Kenntnissen, das Schließen von Freundschaf-ten, das Durchleben von Erfolg und Schwierigkeiten oder politischen Intrigen. Es wird

Besitz und Familie erworben, im Märchen in Form von Edelsteinen, Königreichen und Prinzessinnen. Nicht zu vergessen das Verhalten und das Reagieren der Menschen: Bescheidenheit und Hochmut, Einsamkeit und Kontaktfreudigkeit, Taten aus Mitleid oder Hartherzigkeit, gute und böse Aktionen. Das Märchen verwandelt seine Elemente, keines ist an eine bestimmte Umgebung gebunden und ist auch nicht individuell entwickelt. Märchenfiguren sind an keinen festgelegten Lebensraum und kein persönliches Innenleben gebunden. Trotz der Sublimierung stellen die transparenten und leichteren Motive und Elemente immer noch die Realität dar, vertreten ihre vielen Möglichkeiten und machen das Märchen welthaltig. (vgl. Lüthi, 2005: S. 69 – 75; EM 12, 2007: Sp. 1439f.)

Abb. 18: „In den Glasperlen des Märchens spiegelt sich die Welt." (Lüthi, 2005: S. 75)

# 4. Märchen- und Erzählforschung

Die Grundlage zu einer Märchentheorie und damit den Grundstein zur methodischen Märchenforschung lieferten die Brüder Grimm. In ihren Vorreden und Anmerkungen trifft der Leser bereits auf die Fragen und Erklärungsversuche nach Wesen, Bedeutung und Herkunft der Märchen (ursprünglich das Volksmärchen).

Besonders die Vielfältigkeit des Märchens, seine Verschlüsselung und seine unterschiedlichsten und unzähligen Darstellungs- und Erzählweisen, haben das Interesse von Forschern in sehr vielen verschiedenartigen Wissenschaften geweckt. Dies sind, um nur einige zu nennen, unter anderen die Volks- und Völkerkunde, die Literaturwissenschaft, die Psychologie, die Literatursoziologie, die Ethnologie, die Pädagogik, die Medien- und Kommunikationswissenschaften und sogar die Archäologie.

Die Märchenforschung ist jedoch nur ein Aufgabenkreis in dem weit gefassten Bereich der Erzählforschung und nimmt hier dennoch den größten und populärsten Arbeitsteil ein. Der Bereich umfasst ErzählerInnen, die Erzählungen selbst und das Erzählen an sich. Vor allem geht es um Kommunikationsprozesse: die Kommunikationssituation, die Beteiligten innerhalb dieser Situation und um die dabei einwirkenden Prozesse. (vgl. Lange, 2004: S. 19f.; Lüthi, 2004: S. 63; Pöge-Alder, 2007: S. 11)

## 4.1. Definitions- und Bestimmungsversuch

*Märchen* bezeichnet im Deutschen eine „besondere Art der Erzählung" (Lüthi, 2004: S. 1). In anderen Sprachen jedoch werden Märchen (wie z. B.: engl. ‚tale', ital. ‚conto' oder franz. ‚conte') meist mit einer eher allgemeinen Bedeutung versehen oder die Bezeichnung gilt auch für angrenzende Gattungen oder sie verweist nur auf für einen Teil des umfassenden Märchenangebotes (z. B.: franz. ‚conte de fées', engl. ‚nursery tale', ‚fairy tale'). Man muss feststellen, dass wenn man *Märchen* rein als wissenschaftliche Gattungsbezeichnung verwendet, der Umfang der Bedeutungen immer noch sehr groß ist. Die Forschung ging daher über folgende Begriffe zur Unterscheidung zu verwenden: ‚eigentliche Märchen' und ‚Zaubermärchen'. Ein Großteil der Autoren und auch die Allgemeinheit sieht im Wundermärchen (= Zaubermärchen) das *tatsächliche* Märchen. Das Problem der Definition des Wundermärchens liegt darin, dass jedes Dorf und jede Gemeinde in Europa und in Nordamerika unterschiedliche Erzähltypen und verschiedene Erzähltechniken entwickelte, welche wiederum eng mit den lokalen Gebräuchen und Sitten, Gesetzen und religiösen Ansichten verbunden sind.

Jack Zipes meint, es könne keine exakte Definition von Märchen geben, da es nun mal zu viele unterschiedliche Meinungen dazu gäbe. Andererseits ist für ihn die Definition einer Sache, das Mittel zur Bewahrung der einzigartigen sozial-historischen Natur von Gattungen: „It is distinction that exposes the magic of a genre while at the same time allowing us to preserve and cultivate it so that it will continue to flourish." (Zipes, 2000: S. xv) Max Lüthi lässt in seiner Definition die geographische und individuelle Eigenschaft des Märchens außen vor und zielt mehr auf eine typologische Beschreibung ab:

> „Das Märchen ist eine welthaltige Abenteuererzählung von raffender, sublimierender Stilgestalt. Mit irrealer Leichtigkeit isoliert und verbindet es seine Figuren. Schärfe der Linien, Klarheit der Formen und Farben vereinigt es mit entschiedenem Verzicht auf dogmatische Klärung der wirkenden Zusammenhänge. Klarheit und Geheimnis erfüllen es in einem." (Lüthi, 2005: S. 77)

Es ist, wie man feststellt, nicht einfach eine allgemein gültige Definition zu finden. Wort- und Begriffsgeschichte des Märchens scheinen keinen Abschluss zu finden und die Zweideutigkeit des Märchenbegriffs führt einen nur dessen Vielschichtigkeit vor Augen. Auch Stefan Neuhaus kritisiert die Unmengen an Begriffserklärungen, die auch keine wirkliche Erleichterung in der Suche nach einer Märchendefinition bringen. Bei seiner Unterscheidung zwischen Volks- und Kunstmärchen wird diese Problematik bereits ersichtlich. (siehe dazu bitte untenstehendes Kapitel ‚Volk-, Kunst- und andere Märchen') (vgl. Arendt, 1990: S. 200; Neuhaus, 2005: S. 1 – 3; Lüthi, 2004: S. 1 – 3; Lüthi, 2005: S. 77; Pöge-Alder, 2007: S. 208; Zipes, 2000: S. xv – xvi)

### 4.1.1. Altersbestimmung

Das Alter der Märchen ist nicht einfach festzulegen. Nicht nur die verschiedenen Erzählungen an sich sind nicht alle gleich alt, sondern auch die verschiedenen Strukturen und Entwicklungen innerhalb der Erzählungen weisen unterschiedliche Altersangaben auf.

Forscher setzen das Alter der Märchen meist auf ‚uralt' fest und einige vermuten, dass die Wurzeln des Märchens in einer weit zurückliegenden Entwicklungsperiode des Menschen liegen. Der größte Teil der bekannten Märchen lässt sich zwangsläufig auf die letzten Jahrhunderte – hier vor allem auf das späte Mittelalter – zurückführen, in denen sie aufgezeichnet wurden. Man vermutet außerdem, dass davor Märchen als nicht würdevoll genug eingestuft wurden um sie aufzuzeichnen. Es ist auch deshalb so schwierig das Alter zu bestimmen, da man jeden Märchentyp und jede Sonderform getrennt betrachten müsste und man zusätzlich „[...] zwischen dem Alter des Märchens als Gesamtkomposition und dem Alter der in ihm auftretenden Einzelmotive und auch Motivreihen." (EM 1, 1977: Sp. 408) unterscheiden müsste.

Die Märchen selbst geben in ihrem Inhalt keine Hinweise auf ihre Entstehungszeit. „Das Märchen spielt zwar innerhalb der Geschichte, aber gleichzeitig überspielt es die Geschichte." (Arendt, 1990: S. 206) Daten und Fakten geben historische Hinweise, spielen aber dennoch eine unbedeutende Rolle. Märchen sprechen von ‚alten Zeiten', ‚Vor vielen Jahren' von einem ‚Es war einmal' oder ‚als das Wünschen noch geholfen hat'. Sie erzählen von Königen und Kaisern, von Waldarbeitern, Müller und Hirten und suggerieren damit einen Ereignishorizont, der vor der industriellen Zeit liegt und ebenso das Auftauchen von Zwergen und Hexen und magischen Dingen erinnert an eine mythische oder mittelalterliche Zeit. Märchen geben den Eindruck, sie wären ‚uralt' da sie, unter anderem, nachweislich Glaubensinhalte, Gesellschaftsmotive und Anhaltspunkte von Kulturen in ihren Erzählungen und Motiven verwenden.
(vgl. Arendt, 1990: S. 206; EM 1, 1977: Sp. 407 – 419; Lüthi, 2004: S. 41; Röhrich, 1990: S. 51f.; Wehse, 1990: S. 10)


## Märchenhistorie

Einige Märchen der Weltliteratur weisen Spuren von ägyptischem Erzählgut auf. Ob nun Mythenmärchen, Fabeln, Anekdoten, Legenden, Sagen, Schwänke, Wunder- und Zaubergeschichten, keine der Hochkulturen hinterließ so umfangreiches Erzählgut wie die Ägypter. Ägyptische Märchen sind die ältesten nachweisbaren Erzählungen, wenngleich ihr Inhalt und ihre Sprachform darauf hinweisen, dass sie früher entstanden sind als die gefundenen und datierbaren Schriftstücke. Diese Schriftstücke waren dennoch keine eigentlichen Volksmärchen, da sie vor allem für die gebildete Oberschicht bestimmt waren. Spuren dieser ägyptischen Erzählungen und einige Themen und Motive finden sich im gesamten europäischen Raum sowie Asien und Afrika wieder.

Ausführlichere Märchenmotive finden sich in der Literatur der Griechen und Römer, wobei man hier nicht die unmittelbare Nähe zu den Mythen übersehen sollte. In der Literatur des Mittelalters tauchen märchenhafte Motive und Züge des Öfteren auf. Neben den indischen und orientalischen Erzählungen nahmen vor allem die keltischen Erzählungen den größten Einfluss auf die mittelalterliche Literatur. Die Forscher sind sich dennoch uneins, ab wann man von einem eigentlichen Märchen sprechen kann. Immer wieder Grund zu Diskussionen liefert vor allem das Thema, ob und wie viel Märchenspuren sich in den französischen und deutschen Artusepen befinden.

Ausschlaggebend für die Verwendung des Begriffs Märchen und ein relativ sicherer Boden für die Altersbestimmung jener, sind die ersten publizierten Märchen oder Volkserzählungen. Allen voran stehen zwei Italiener: Im 16. Jahrhundert veröffentlichte *Giovan Francesco Straparola* seine *Le piacevoli notti (Die ergötzlichen Nächte)*. Die 73 Erzählungen sollen aus mündlicher Überlieferung stammen, von ihnen sind 21 bereits als *Märchen* zu bezeichnen. Posthum erschien im 17. Jahrhundert *Giambattista Basiles Pentamerone – Lo cunto de li cunti (Das Märchen aller Märchen)*. Basiles Märchen werden oft als die älteste Märchenvollform gehandelt, sie sind vermutlich mündlich überliefert worden und sind für die Märchenforschung von großer Bedeutung. Selbst die Brüder Grimm stellten Vergleiche zwischen ihren Märchen und denen Basiles fest. Ende des 17. Jahrhunderts veröffentlichten *Charles Perrault* und *Mme D'Aulnoy* die wichtigsten Beiträge zu den französischen Volksmärchen. Vor allem Perrault's Erzählungen finden teilweise ihr Pendant in den Grimm'schen Märchen. Im 18. Jahrhundert dominierte vor allem die französische Übersetzung der arabischen Handschriften und persischen Manuskripte von *Les mille et une Nuits (Tausendundeine Nacht)* die Märchenerzählungen. Heimische Volkserzählungen und eigene Dichtungen wurden danach mit großer Beliebtheit in ein pseudo-orientalisches Gewand gehüllt. Das von der

Literatur für geringfügig befundene Volksmärchen wurde im 19. Jahrhundert buchfähig. Vor allem die *Kinder- und Hausmärchen* der *Brüder Grimm* avancierten zum Volksbuch par excellence. Der mündlichen Überlieferung und der mündlichen Erzählkultur versetzte dies natürlich den Todesstoß. Das von Erzähler zu Erzähler überlieferte Märchen, das von Generation zu Generation weitergegebene Erzählgut, verschwand im Druck der Buchmärchen. (vgl. EM 1, 1977, Sp 177 – 184: Lüthi, 2004: S. 40 – 51)

Das deutschsprachige Märchenbild ist generell von den Brüdern Grimm geprägt und somit auch epochal eingegrenzt. Die Texte der Grimm'schen Sammlung sind an die 200 Jahre alt. Beachtet man dann noch die Überarbeitungen der Brüder, greift man also auf die Urfassung der KHM zurück, kann man das Alter der Texte auf ca. 300 Jahren schätzen. Das Alter lässt sich zum Beispiel anhand der verwendeten Alltagsgegenstände und den Fortbewegungsmitteln innerhalb eines Märchens bestimmen, denn: „Das Märchen [...] hat sich schon immer der Zeit und Umgebung angepasst." (Wehse, 1990: S. 11) Das Märchen ist daher kein starres Überbleibsel der Vergangenheit, sondern ein sich der Zeit und Gesellschaft anpassendes Kulturgut. (vgl. Wehse, 1990: S. 10f.)

Die Frage: „Wie alt sind die Märchen?" wird vermutlich nie ganz geklärt werden können. Zu viele Theorien und Erklärungsversuche in den verschiedensten Disziplinen (Volks- und Völkerkunde, Indologie, Ethnosoziologie, Germanistik u.v.m.) werden immer wieder aufs Neue diskutiert und erörtert. Vorsichtige Einigkeit bei der Datierung scheint zwischen den Forschern insofern zu bestehen, indem man die Märchenmotive, -stoffe und -elemente als älter datiert als die Erzählungen, in denen sie auftreten. Die indischen Märchensammlungen schätzt man auf bis zu 1000 vor Christus zurück. Bei Erzählungen mit möglichem europäischem Ursprung, geht man von einer Entstehungszeit im Spätmittelalter aus, dadurch wird das Märchen von manchen Forschern als literarisches Produkt des Mittelalters angesehen. Bei der vermuteten Entstehungszeit der Gattung ‚Märchen' an sich, ist es mit der Einigkeit unter den Forschern auch schon wieder vorbei, ihnen allen gemein ist aber dennoch die Zuordnung der Märchen zu einer vergleichsweise hohen Kulturstufe. (vgl. Lüthi, 2004: S. 77f.; Oberfeld, 1990: S. 5 – 10; Röhrich, 1956: S. 4; Wehse, 1990: S. 10ff.)

„Das gerade ist ja das Erregende am Märchen, dass uns in ihm mitten in der modernen und rationalisierten Welt eine Denkweise entgegentritt, die eine geistige Verbindungslinie von der Gegenwart bis zu einer archaisch-magischen Vorstufe unseres Weltbildes herzustellen scheint, [...] Das Märchen gehört zu unseren ältesten geistigen Altertümern, und über Länder und Völker hinweg zeigt es noch Vorstellungen einer Frühzeit auf." (Röhrich, 1956: S. 4)

Der Leser sollte sich selbst fragen, in welche Richtung er sich in der Altersbestimmung der Märchen bewegen möchte: Auf die Seite, welche Märchen als früh oder prähistorisches Erzählgut einer bestimmten Kultur betrachtet? Oder auf jene, die eine unabhängige Entstehung der Märchen an unterschiedlichen Orten bevorzugt? Vielleicht sind sie aber auch nur Nacherzählungen und Umwandlungen älterer Stoffe und somit doch nur eine reine Spätform der Dichtung? Eines scheint jedoch belegt zu sein: Märchen existierten, und existieren noch immer, in den unterschiedlichsten Zeiten und bei den verschiedensten Völkern und Kulturen und manchmal auch in den unterschiedlichsten Formen, denn das beherrschende Element des Märchens ist sein Wandel. Märchen sind im Grunde ihres Aufbaus zeitlos, sie erzählen von ‚alten Zeiten', vermitteln Werte, gemeinsame Bedeutungen und Problemlösungen und sind dennoch aktuell und wirken jung. Jede Zeit und jede Gesellschaft formt sich seine Märchen: sie nehmen alte Erzählungen, alte Elemente, vermischen diese mit neuen Erkenntnissen, Technologien und Gesellschaftsstrukturen, streuen Realität und Utopie darüber und servieren dies mit Klarheit, Eigenwert und Geheimnis. (vgl. Oberfeld, 1990: S. 5 – 10; Röhrich, 1956: S. 5; Röhrich, 1990: S. 69f.; Wehse, 1990: S. 26)

„Die Gattung ‚Märchen' ist vielschichtig, und von Kultur zu Kultur, von Ort zu Ort und von Zeit zu Zeit hat sich offenbar der Aspekt dessen verschoben, was wir summarisch ‚Märchen' nennen. Die Beharrlichkeit seiner Überlieferung beruht vielleicht sogar zu einem wesentlichen Teil darauf, dass es eben keine starre Form hat, sondern wandlungsfähig ist."
(Röhrich, 1956: S. 5)

## 4.1.2. Verbreitungs- und Entstehungstheorien

Theorien zur Verbreitung und Entstehung von Märchen tragen ebenfalls zu den anhaltenden Diskussionen zur Altersbestimmung bei und sind mit dieser merklich verbunden, da eine Entstehungszeit, eine Verbreitungsannahme und somit eine Altersangabe von einen bestimmten Punkt in der Geschichte ausgehen sollte.

Es ist äußerst schwierig, Märchen, die heutzutage fast ausschließlich auf Märchenbüchern und Sammlungen basieren, einer exakten Herkunfts- und Altersanalyse zu unterziehen. Ausgehend von der angewandten Forschungsmethode und der voreingenommenen Meinung des Forschers, kann ein und dasselbe Märchen eine Entstehungszeit in der menschlichen Frühzeit oder in der Antike oder im Mittelalter oder im 18. Jahrhundert aufweisen und genauso gut kann es eine Adaption oder eine Umgestaltung von vorhandenen großen Erzählungen sein, wie Homers *Odyssee* oder Apuleius' *Amor und Psyche*.

Viele Theorien werden, obwohl sie als veraltet gelten, auch heute noch hier und dort zitiert und diskutiert. (vgl. Pöge-Alder, 2007: S. 66; Röhrich, 1990: S, 52f.; Swahn, 1990: S. 40)

## Der Ursprung im Mythus – Mythologische Theorie

Eine der ersten Vermutungen bezüglich der Entstehung und Verbreitung von Märchen, führte diese auf frühe Mythen zurück und entsprangen der romantischen Bewegung des 18. Jahrhunderts. Bereits die Brüder Grimm sahen in den Märchen Überbleibsel aus vergangener Zeit und erzählten Mythen. Insbesondere rückten hier die nordischen und germanischen Mythen in den Mittelpunkt, so zum Beispiel soll Dornröschen an den Zauberschlaf der Brünhild, ein von Odin verursachter Schlaf durch einen Dornenstich, erinnern. Brünhild schlief hinter einer hohen Feuerwand bis Siegfried sie befreite. Mythen wurden als Basis für das Verständnis von Märchen angesehen, was sich auch in den verschiedenen Sammeleditionen zeigte.

In der Folkloristik ist diese Forschungsrichtung unter der ‚Mythologischen Schule' bekannt. Die Entstehungs- und Verbreitungsthesen der Brüder Grimm findet man in der Wissenschaft unter ‚indogermanische oder indoeuropäische Theorie'. Diese Forschungen haben vor allem die Altertumskunde wissenschaftlich belegt.

Heutzutage sind immer noch Motivähnlichkeiten zwischen Mythos und Märchen ersichtlich und sie führen immer wieder zu neuen Diskussionen. Interpretationen und Spekulationen im Sinne der mythologischen Theorie sind populär, sie bleiben aber meist nur ein Versuch zur Deutung und Identitätsfindung und gelten als nicht gesichert. Die einschlägige Rückführung auf diverse Mythen war im Allgemeinen nicht lange haltbar und die Theorie wurde bereits im 19. Jahrhundert nicht mehr allzu intensiv weiter verfolgt. Die mythologische Theorie hat heute vor allem wissenschaftlich-historische Relevanz. (vgl. EM 9, 1999: Sp. 1086 – 1092; Lüthi, 2004: S. 63; Pöge-Alder, 2007:

S. 66 – 81; Wehse, 1990: S. 15)


**Verbreitung durch Weitergabe – Wanderungstheorie (Monogenese und Diffusion)**

Die Wanderungstheorie versucht zu erklären, warum es so viele Übereinstimmungen in den Erzählungen der unterschiedlichen Völker gibt. Man setzte einen Ausgangs- und Entstehungspunkt der einzelnen Erzähltypen voraus (Monogenese) und ging dann davon aus, dass die Erzählungen von Mund zu Mund, von Volk zu Volk, von Aufzeich-nung zu Aufzeichnung wanderten (Diffusion). Forscher gehen heutzutage jedoch davon aus, dass manche Völker eigene Märchen bildeten (z. B.: die Kelten), die nicht an andere Völker weitergegeben wurden und somit nicht in deren eigenes Erzählgut aufgenommen werden konnten. Der Begriff der Diffusion wird meist im Bereich des Austauschs von Kulturelementen zwischen verschiedenen Gesellschaften und Kulturen verwendet. Trat eine Weitergabe von Erzählungen innerhalb einer Gesellschaft auf, wird von Überlieferungsaustausch gesprochen.

Dennoch wirkte sich die Theorie nachhaltig auf die Bildung der geographisch-historischen Methode aus. Die Ansicht, dass Erzählungen an einem Punkt entstanden und durch Wanderungen sich verbreiteten, wurde vor allem durch Theodor Benfey und seiner Indischen Theorie vehement vertreten. (vgl. EM 3, 1981: Sp. 666 – 670; Lüthi, 2004: S. 69f.; Pöge-Alder, 2007: S. 81 und 87)


**Heimat der Märchen – Indische Theorie**

1859 erklärte der berühmte Sanskritforscher Theodor Benfey, dass aufgrund seiner Übersetzungsarbeit des Fabel- und *Märchen*buchs *Pañcatantra* Indien als die Heimat der Märchen angesehen werden müsste. Für ihn stand fest, dass sich die Märchen (die der Buddhismus als Beispiele zu seinen Lehren und Predigten erschaffen habe) von hier aus über die ganze Welt verbreiteten, ins Abendland sollen sie aufgrund der Kreuzzüge gelangt sein und im Laufe der Jahrhunderte immer wieder aufs Neue hinausgetragen worden sein. Mit ungeheurer Kombinationsgabe und mit viel Spürsinn und Bildung verteidigte Benfey seine Theorie und es schienen immer wieder neue Bestätigungen von anderen Forschern aufzutauchen. Dennoch hatte die indische Theorie keine Haltbarkeit. Der Fehler lag in der Nichtbeachtung der Überlieferung: Zum einen belegen neuere Forschungsergebnisse, dass eine Wanderung der östlichen Stoffe nicht nur in die westliche Richtung stattfand, sondern westliche Erzählungen auch in den Osten getragen wurden. Zum anderen wurden damals Ursprungsländer anhand des ersten Auftauchens eines Stoffes in einer schriftlichen Literatur festgelegt. Dabei wurde auf die Einbeziehung der mündlichen Überlieferung vergessen. „Die letztendliche Herkunft der einzelnen Märchentypen ist jedoch – eben wegen ihrer nichtdokumentierten oralen Tradierung – nur in ganz seltenen Fällen nachzuweisen." (Wehse, 1990: S. 15f.) (vgl. EM 7, 1993: Sp. 151 – 157; Lüthi, 2004: S. 69; Pöge-Alder, 2007: S. 81 – 85; Poser, 1980:

S. 37f.; Wehse, 1990: S. 15f.)

**Der Umgang mit Varianten - Geographisch-historische Methode**

Diese Methode wurde vor allem von der finnischen Schule (etabliert von Kaarle und Julius Krohn und Antti Aarne zu Beginn des 20. Jahrhunderts) begründet. Die finnische Schule geht davon aus, dass eine Märchengeschichte nur dann eruiert werden kann, wenn jeder einzelne Märchentyp geschichtlich erforscht werden würde. Man versuchte daher viele Varianten einer Erzählung zu sammeln und diese dann miteinander zu vergleichen und daraus Alter, Herkunft und Verbreitung des jeweiligen Grundstoffes zu erschließen. Die geographisch-historische Methode besagt, dass eine Erzählung einen fixen Schöpfungszeitpunkt aufweist und aufgrund der verschiedenen Versionen könne man das Original herausarbeiten. Somit nahm sie Anteile der Indischen Theorie und der Wanderungstheorie in sich auf. Die Methode ist jedoch nur bei einigen günstigen Fällen durchführbar. Vor allem lässt sie den gesamten Überlieferungsprozess außen vor und man erhält dadurch keine Einblicke in die Kommunikations- und Vermittlungssysteme der mündlichen Überlieferung. Der Einfluss von verschiedenen Erzähltypen und andere Kontaminationen auf das Erzählgut werden ebenfalls außer Acht gelassen wie die literarischen Versionen.

Der geographisch-historischen Methode ist es dennoch zu verdanken, dass es in der Erzählforschung eine vergleichende Textforschung gibt, dass der mündlichen Überlieferung dennoch Stabilität zuerkannt wurde und dass den reinen Annahmen der mythologischen Schule greifbare Fragen entgegengesetzt wurden.

> „Zu den hauptsächlichen Lehren, die die Folkloristik der geographisch-historischen Methode verdankt, gehört es, mit Varianten umzugehen und sie nach geographischer Weite und historischer Tiefe zu untersuchen. [...] Hinsichtlich der Möglichkeiten und Ergebnisse der Ursprungsforschung sind wir vorsichtiger, skeptischer und bescheidener geworden." (Röhrich, 1990: S. 66)

Da man einiges an Material benötigte, stieg die Sammelaktivität innerhalb der Forschung unausweichlich an. Weltweit entstanden Märchenarchive mit originalem Sammelmaterial. Die Grundlage zur Archivierung und Editierung lieferte der Typenkatalog nach Aarne und Thompson, „The Types of the Folktale" (AaTh/AT), und nun auch das seit kurzem überarbeitete Verzeichnis von Hans-Jörg Uther, „The Types of International Folktales" (ATU). Dank der geographisch-historischen Methode wurde die Märchenforschung mehr und mehr ernst genommen, denn sie wies weg von Spekulationen und hin zu Struktur und Tiefe. Die Folkloristik erwarb den Status einer Wissenschaft und noch heute bauen viele Artikel auf den Überlegungen dieser Methode auf. (vgl. EM 5, 1987: Sp. 1012 – 1030; Lüthi, 2004: S. 70; Röhrich, 1990: S. 65f.; Pöge-Alder, 2007: S. 85 – 98)

## Unabhängige Entstehung und Verbreitung – Polygenese (anthropologische Theorie)

Die Polygenese gehört zur Gruppe der anthropologischen Theorien und steht als Gegensatz zur Wandertheorie, und als Alternative zur geographisch-historischen Methode. Aufgrund der enormen Sammeltätigkeit weltweit, stieß man auf Märchen, deren Ähnlichkeiten sich nicht durch Wanderung und Weitergabe erklären ließ. Die Polygenese vertritt die Annahme, dass Erzählungen, die mehr oder minder identisch sind, unabhängig voneinander zu unterschiedlichen Zeiten und an verschiedenen Orten entstanden sind. Selbst die Brüder Grimm zogen diese Möglichkeit der Entstehung als Erklärung in Betracht. Die Polygenese ist nach wie vor Diskussionsgegenstand der Erzähl- und Sprachforschung im deutschen Raum. Neuere Untersuchungen gehen jedoch davon aus, dass die Polygenese aufzeigt, dass es Wissenslücken, unzureichende Quellenangaben und eine gewisse Hilflosigkeit bezüglich der vorhandenen Materialien gibt und man daher keine handfesten Ergebnisse zur Forschung beitragen kann. Man wird sich vermutlich von der Idee der Polygenese verabschieden, um nach einer vernünftigeren historischen Erklärung bezüglich der Ähnlichkeiten weit verbreiteter Erzählungen zu suchen. (vgl. Alder, 2007: S. 98 – 105; EM 10, 2002: Sp. 1161 – 1164; Pöge- Poser, 1980: S. 38f.)

### Sitten und Träume der Naturvölker – Survivaltheorie (anthropologische Theorie)

Über die Völkerkunde suchte man die Märchen mit den Denkgewohnheiten, den Träumen und den Traditionen der Naturvölker in Verbindung zu setzen. Man ging davon aus, dass die Auseinandersetzung der Naturvölker mit den Mysterien des Lebens und des Sterbens das Denken, den Glauben, das Handeln und das Erzählen entscheidend beeinflusste.

Der Völkerkundler Edward B. Tylor stellte im 19.Jahrhundert in umfangreichen Untersuchungen fest, dass viele sehr alte Glaubensvorstellungen (z. B.: über Geister, Zauberei, Schlaf, Traum, Natur oder Tod) bei vielen Völkern der Welt, unabhängig von ihrem kulturgeschichtlichen Auftauchen und ihren Beziehungen untereinander, übereinstimmten. Diese Glaubensvorstellungen reichen, ersichtlich oder unersichtlich, bis in die Gegenwart und in alle sozialen Schichten.

Aufgrund dessen, ging Tylor von der Theorie der eingleisigen Kulturentwicklung aus, das heißt, dass alle Kulturen die gleichen Entwicklungsstufen durchlaufen müssten. Demzufolge müssten Relikte oder primitive Züge einer Gesellschaft erhalten geblieben sein (‚survivals' = Bruchstück, Überbleibsel) und man könne so frühkulturelle Stadien rekonstruieren und die eigenen Wurzeln erkennen. Immer wieder griff man auf ‚traditionelle' Kulturgüter zurück, um sich unter anderem der eigenen Herkunft zu besinnen. Man hoffte Relikte einer geeinten Nation in den Märchen und Gattungen zu finden und diese als kulturelle Grundlage für Nationalstaaten zu nützen. Die Survivaltheorie befasst sich somit mit dem sprichwörtlichen *Überleben* des Erzählgutes.

Bei der Suche nach dem Ursprung und dem Alter der Märchen und Erzählungen stand für einige Forscher fest, dass „ganze Erzählinhalte im Rahmen kultureller Entwicklungsstufen verschiedener Völker zu unterschiedlichsten Zeitpunkten erdacht worden seien, wodurch sich die Variation scheinbar verwandter Erzählungen erklärte." (EM 13, 2010: Sp. 62) Zu den übergebliebene Fragmenten wurden jedoch vor allem die Volkserzählungen gezählt, denn Märchen seien aufgrund ihrer hohen literarischen Form gar nicht oder selten bei Naturvölkern anzufinden. Diese Art der Rückdatierung wurde von der Völkerkunde bis zu Beginn des 20. Jahrhunderts verwendet und dann durch andere Lehren und Theorien überlagert, da die Survivaltheorie kulturhistorische Fragestellungen nicht zulässt, rassistisch anmutet und die verwendeten Materialien wenig hinterfragt. (vgl. EM 13, 2010: Sp. 59 – 64; Pöge-Alder, 2007: S. 105 – 111; Wehse, 1990: S. 16 und 18)

**Bräuche und Riten – Ritualistische Theorie**

Im 20. Jahrhundert wurde das Augenmerk auf die Psychoanalytik gelenkt, die eine enge Beziehung zwischen Bräuchen, Riten und Märchen sah. Viele Märchen, hier vor allem Motive und Motivreihen, lassen sich so mit alten Kalenderbräuchen, Initiationsriten und Lebensabschnitten (Brautwerbung, Hochzeit, Geburt und Tod) und auch mit alten Glaubensvorstellungen in Verbindung setzen. (vgl. Wehse, 1990: S. 18 – 23)

## 4.1.3. Typensystem

Aufgrund der Vielzahl der Märchen und ihrer Verschiedenheit untereinander und dem Bestreben die Arbeit mit Märchen praktisch zu vereinfachen, wurden Klassifizierungen vorgenommen, welche ein Typensystem entstehen ließen, das die Verständigung unter den Forschern und eben auch die Arbeit an Märchen erleichtern soll. Wissenschaftliche Arbeiten und Sammlungen richteten sich nach dem Typensystem von Antti Aarne, das 1910 erstmals veröffentlicht wurde. Eine Typologie der Märchen ist somit ein Hilfswerkzeug der Märchenforschung, welches versucht aufgrund von verschiedenen aufgezeigten Motiven, Zusammenhängen und Kategorisierungen die Verbreitungs- und Entstehungswege, sowie eine Altersbestimmung der Märchen zu erleichtern.

(vgl. Lüthi, 2004: S. 16; Röhrich, 1956: S.6)

Antti Amatus Aarne (1867 – 1925), finnischer Märchenforscher, machte es sich zur Lebensaufgabe ein umfassendes Märchenverzeichnis zu erstellen. Er katalogisierte nicht nur nationales Literaturgut, sondern nahm unter anderem auch die Grimm'schen Märchen in seine Sammlung auf. Aarne versah die einzelnen Märchentypen mit einer Nummer und schuf somit ein System, das internationale Verwendung fand und findet.

Er teilte die Märchen in drei Hauptgruppen und deren Untergruppen ein:

| | Gruppe | Nr. |
|---|---|---|
| I | Tiermärchen | 1 – 299 |
| | [a] Tiere des Waldes | 1 – 99 |
| | [b] Tiere des Waldes und Haustiere | 100 – 149 |
| | [c] Der Mensch und die Tiere des Waldes | 150 – 199 |
| | [d] Haustiere | 200 – 249 |
| | [e] Fische | 250 – 274 |
| | [f] Andere Tiere und Objekte | 275 - 299 |
| II | eigentliche Märchen | 300 – 1199 |
| | A Zaubermärchen | 300 – 749 |
| | B legendenartige Märchen | 750 – 849 |
| | C novellenartige Märchen | 850 – 999 |
| | D Märchen vom dummen Teufel | 1000 – 1199 |
| III | Schwänke | 1200 – 1999 |

Aarne hatte nur 540 Nummern der 2000 vorgesehenen besetzt. Er ließ somit Raum für weitere Typen und/oder Untergruppen. Stith Thompson aktualisierte und erweitere 1927 und 1961 das System, fügte neue Nummern ein, kennzeichnete die ,eigentlichen Märchen' genauer aus, legte ein vertiefendes Register bei und fügte noch zwei weitere Gruppen hinzu:

| | | |
|---|---|---|
| IV | Formula Tales | 2000 – 2400 |
| V | Unclassified Tales | 2401 – 2500 |

Die Klassifizierung wurde mit dem Kürzel AT oder ATh, beziehungsweise mit AaTh im deutschsprachigen Raum, versehen. Das Typenverzeichnis umfasst (seit der dritten Ausgabe) nicht nur Erzählgut des nördlichen Europas, sondern auch Irland, Süd- und Osteuropa, den nahen Osten und Indien. Für gewisse Traditionsgebiete müssten allerdings erst Register erarbeitet werden, so zum Beispiel für Erzählungen der nordamerikanischen Indianer oder für Erzählungen aus dem ozeanischen Raum. Andere regionale Typenregister, die nicht in Bezug zum AaTh-Katalog stehen, können durch Verzeichnen der Charakteristik von einzelnen Versionen oder Einbeziehung von Erzählungen anderer Art, einen Eindruck der Erzähllandschaft eines Volkes oder einer Region erarbeiten. So steht dem AaTh-Katalog in Deutschland das Verzeichnis der KHM-Nummern gegenüber. Hans-Jörg Uther überarbeitete 2004 den AaTh-Katalog, der seitdem unter der Bezeichnung ATU läuft. (vgl. EM 1, 1977: Sp. 1f.; EM 9, 1999: S. 269; Lüthi, 2004: S. 16 – 20)

## 4.2. Gattungen

„[...] if folklore communication, allusive and complex as it is, is based upon culturally defined rules, then their discovery is essential. The system of genres is the primary ethnic formulation of such a grammar of folkore."
(Dan Ben-Amos,1969, zit. n. EM 5, 1987: Sp. 745)

„It should be possible to view various folklore genres not only as isolated acts of verbal art but as a system of different channels of cultural communication. Much of that communication may be genre-specific. How, when and what do different genres communicate about [...]? They all express something meaningful [...], but not necessarily the same thing, and certainly not in the same manner as other genres."
(Lauri Honko, 1980, zit. n. EM 5, 1987: Sp. 744f.)

Der Begriff der *Gattung* ist nicht nur für die Volkskunde und Literaturwissenschaft in ihrer Arbeit zur Gliederung und Einteilung unabkömmlich, auch die Kommunikationswissenschaft hat ein kulturelles Interesse an genauen Differenzierungen. Denn Erzählungen sind nicht nur von literarischer, sondern auch von oraler Sprachqualität, sie haben durch ihre Gliederung (Gattungszugehörigkeit) Eingang in den alltäglichen Gebrauch und in die alltägliche Kommunikation gefunden.
(vgl. EM 5, 1987: Sp. 744f.; Pöge-Alder, 2007: S. 31f.)

### Gattungsproblem

Beruhen Gattungen nun auf einer Vereinbarung unter den Forschern und sind somit künstlich geschaffene Instrumente oder spiegeln sie die lebendige Überlieferung wirkender realer Gattungen wieder? Ein Problem der Gattungen besteht darin, dass historisch idealtypische Gattungsdefinitionen verwendet werden. Der Informationsfluss der realen Gattungen wird nur selten miteinbezogen und das historische und kulturelle Einflussgebiet der Märchen wird begrenzt. Forscher sehen dadurch das Märchen einerseits als globale Gattung andererseits als ideale oder europäische Gattung an.

Eine definitive Gattungszugehörigkeit, eine ‚reine' Gattung, wird man in der lebendigen Überlieferung dennoch selten antreffen, denn eine Vermischung, beziehungsweise eine Überschneidung, von zwei Gattungen oder das Auftauchen von Motiven und Zügen einer Gattung in einer ihr eigentlich entfernten Gattung ist einfacher aufzustöbern. Aufgrund dessen wird ein idealtypisches reines Märchen sehr schwierig zu finden sein. Offensichtlich wird dies vor allem bei einer Gegenüberstellung von Märchen und Sage. Es ist eine idealtypische Definition von beiden Gattungen vorhanden und dennoch werden bei Erzählungen beider immer wieder Motive und Züge des anderen auftauchen. (vgl. EM 5, 1987: Sp. 748 – 750)

### 4.2.1. Abgrenzung und Überschreitung

Innerhalb einer Erzählung findet sich meist ein Gemisch aus Gattungen wieder. Unterscheidend kann sich unter anderem der Erzähler auswirken, der die Darstellungsmöglichkeiten und Erzählweisen von Wirklichkeit und Numinosen immer wieder verändern kann. Eindeutig zuzuordnen zu den Gattungen sind jedoch Requisiten, Figuren, Situationen und Handlungszusammenhänge. (vgl. Pöge-Alder, 2007: S. 31f.)

**Gattung ‚Märchen'**

> „There is no such thing as *the* fairy tale; however, there are hundreds of thousands of fairy tales. And these fairy tales have been defined in so many different ways that it boggles the mind to think that they can be categorized as a genre."
> (Zipes, 2000: S. xv)

Das Märchen (ursprünglich das Volksmärchen) teilt sich Elemente wie das Übernatürliche und Wunderbare, sowie die ‚geglaubte Unglaubwürdigkeit', mit anderen Erzählgattungen. Meist sind die Dimensionen des Profanen und des Numinosen nicht weit voneinander entfernt, während andere Gattungen diese beiden Welten mehr oder weniger klar voneinander trennen. (vgl. Lüthi, 2004: S. 6f.; Pöge-Alder, 2007: S. 45; Zipes, 2000: S. xv)

65

**Sage**

Der Begriff *Sage* ist eine Ableitung des Verbs *sagen*, ausgehend vom althochdeutsch *sagên* und dem mittelhochdeutsch *sage*. Die moderne Konnotation bildete sich im 14. Jahrhundert, abgeleitet vom lateinischen *fama, rumor*, und wurde im 18. Jahrhundert, nachdem die Brüder Grimm den Ausdruck bekannt machten, die Basis für diverse Untergattungen (Heldensage, Volkssage usw.). Sagen stehen für Erzählungen, die von sich aus behaupten von existenten und tatsächlichen Vorgängen zu berichten, welche an geografisch bekannten Orten stattfanden und meist von einfachen namenslosen Menschen handeln. Ihr zuweilen dramatischer Inhalt (Geister, Teufel...) ist meist nicht für Kinder geeignet. Sie berichten von diesseitigen außergewöhnlichen Phänomenen oder von Menschen, die zum Beispiel durch Zauberei von Krankheit geheilt werden oder sie berichten zum Beispiel von Pestzeiten die durch einen göttlichen Eingriff überwunden werden konnten.

Die Brüder Grimm setzten den geschichtlichen Inhalt der Sage voraus und auch heute noch ist dieser Grundgedanke – die Sage berichte von historischen Ereignissen – weit verbreitet. Dies lässt sich darauf zurückführen, dass sich immer wieder kleinste geschichtliche Anteile innerhalb der Erzählungen finden, vor allem wenn von tatsächlichen historischen Personen die Rede ist. Die Sage des Rattenfängers von Hameln, zum Beispiel, lässt sich auf das mysteriöse und ungeklärte Verschwinden der Kinder aus Hameln vom 26. Juni 1284 zurückverfolgen. Eine Erfassung der Zusammenhänge zwischen Sage und historischer Geschichte ist jedoch schwierig, da viele Sagen erst im 19. und 20. Jahrhundert aufgezeichnet wurden und auch zeitgemäß verändert wurden.

Mit dem Märchen verbunden ist die Sage durch die Vorstellung des Numinosen – dem Übernatürlichen, dem Außergewöhnlichen – und wie man diesem gegenübertritt. Wo aber das Märchen das Numinose als etwas Selbstverständliches ansieht, begegnet man in der Sage numinosen Erscheinungen mit Erstaunen und Angst und ist von ihnen gebannt. Dennoch gehört das Phantastische zur Realität der Sage, es ist in ihr eingebettet. Dem Phantastischen wird nur anders als im Märchen gegenübergetreten.

Das Märchen ist auf die Handlung an sich ausgerichtet, die Sage konzentriert sich auf die Handlungsträger – den profanen Menschen und den jenseitigen Wesen (Hexen, Waldgeister, Bergwesen, Zwerge, Drachen u.v.m.). In der Sage findet man die verschiedensten kulturellen Ebenen und Glaubensvorstellungen, von Heidentum bis Christentum. Die Erzählungen sind somit Teil eines gemeinschaftlichen Ereignisses, begründen diese und transportieren unter anderem Moral und Glauben. Am charakteristischsten für die Sage ist vor allem der christliche Unterton, ohne diesen zum Beispiel Glockensagen und Geistermessen nicht möglich wären. Sagen haben immer auch einen Bezug zur Gegenwart, sei es durch den Schatz, der immer noch nicht gefunden wurde und darauf wartet gehoben zu werden oder eine Seele, die noch heute auf ihre Erlösung wartet. Laut Lüthi bringe das Volk dem Märchen nur geringen Glauben entgegen, an seine Sagen aber ‚glaube‘ das Volk, die Sagen gehören zu ihrer alltäglichen Welt. „Eine Sage bleibt eine Sage, auch wenn sie nicht mehr geglaubt wird.“ (Lüthi, 2004: S. 8) Denn durch die Lokalisierung wird die Erzählung greifbar und gegenständlich. Die Sage vermittelt einen Eindruck von Bodenständigkeit, während das Märchen eher frei schwebend zu sein scheint.

Heutzutage wird sagenhaltiges Erzählen durch sogenannte ‚urban legends‘ verbreitet. Diese Erzählungen basieren auf tatsächlich belegten Erlebnissen und Ereignisse. Am bekanntesten ist die ‚Legende‘ des Krokodils im Abwasserkanal. ‚Urban Legends‘ werden durch Printmedien, Internet und den Film verbreitet und „stützen [dadurch] die Kommunikation und Interpretation des Alltags.“ (Pöge-Alder, 2007: S. 34) ebenso wie das Märchen und die Sage Kommunikation und Alltag prägen. (vgl. EM 11, 2004: Sp. 1017 – 1049; Lüthi, 2004: S. 6 – 8; Pöge-Alder, 2007: S. 33f.; Poser, 1980: S. 28 – 30; Röhrich, 1971: S. 34 und S. 51; Schmidt-Knaebel, 2009: S. 646 – 651)


**Legende**

Den Sagen am nächsten stehen die *Legenden* (wesentlich näher als den Märchen). Im Französischen und im Englischen teilen sich Sage und Legende den Namen (wie bei der Bezeichnung ‚urban legends‘ ersichtlich war) und werden dann durch zusätzliche Bezeichnungen oder näheren Bestimmungen voneinander getrennt. Zum Beispiel: franz. ‚légende populaire‘ und ‚légende religieuse‘, engl. ‚legend‘ oder ‚saint's legend‘.

Abgeleitet wird die Legende vom lateinischen Gerundiv *legenda* (vom lat. *legere* ‚lesen‘), das soviel heißt wie ‚was gelesen werden soll‘. Wesensmäßig gehört das Überirdische, das Wunder zur Legende und zur Sage. Beide erzählen „[...] von übernatürlichem Geschehen, das aber bei der Sage verhältnismäßig unbestimmt bleibt, während es in der Legende von einem festen religiösen System aus gedeutet und von vornherein im Hinblick darauf ausgewählt und gestaltet wird." (Lüthi, 2004: S. 10) Die Legende gibt, ausgehenden von dem religiösen System, Antworten auf das übernatürliche Geschehen und legt sich an seinen Figuren fest. In der Forschung wird zwischen ‚eigentlichen Legenden' – sie behandeln, das weltliche Leben heiliger Personen – und ‚Mirakelerzählungen' – sie sehen Wunder als Offenbarungen Gottes an – unterschieden. Im Vergleich zum Sagenwunder erlebt das Legendenwunder eine Steigerung und eine Klärung. Wird es in der Sage als meist nur teilweise Bewältigendes angesehen, so ist es in der Legende ein von Gott veranlasstes und ihn bestätigendes Wunder. Das Märchenwunder ist zwar auch übernatürlich, setzt sich aber wie selbstverständlich im Laufe der Handlung um. Da Legenden vor allem religiöse Wunderbegebenheiten transportieren, gingen sie im Mittelalter alsbald in die mündliche Verbreitung ein. Sie vermischten sich unter anderem mit der Sage, wurden weitererzählt, vorgelesen, wieder neu verschriftlicht, manchmal sogar mit Bildern versehen (Ein-Bild-Sequenzen) und weiter erzählt. Legenden sind Teil des medialen Wandels von Mündlichkeit zur Schriftlichkeit. (vgl. EM 8, 1996: Sp. 855 – 868; Lüthi, 2004: S. 9 – 10; Pöge-Alder, 2007: S. 37f.; Poser, 1980: S. 32f.; Rosenfeld, 1982: S. 1)

## Mythos

Umstrittener, undefinierter und unklarer als der Märchenbegriff ist derjenige des *Mythos*.

Der Begriff des Mythos wurde erst im 20. Jahrhundert in den allgemeinen Sprachgebrauch aufgenommen. Davor wurde die *Mythe* oder der *Mythus* entweder mit den Sagen gleichgestellt oder als vorhistorische Überlieferung aufgefasst. Heutzutage wird Mythos als Schöpfungsgeschichte, als Basis der menschlichen Wirklichkeits- und Weltdeutung angesehen. „Mythos ist eine heilige Erzählung, die durch sprachliche Kommunikation überliefert wird und in der von einer imaginären Welt göttlicher und halbgöttlicher bzw. dämonischer Wesen und ihren Handlungen berichtet wird." (EM 9, 1999: Sp. 1093) In den vorangegangenen Gattungen werden die Handlungen auf den Menschen bezogen, „[...] in der Sage auf den vom Außerordentlichen Getroffenen, in der Legende auf den Träger des Sakralen, im Märchen auf die von Wundern getragene handelnde Figur." (Lüthi, 2004: S, 11) Im Mythos sind nicht immer Menschen die Hauptfiguren, sondern bisweilen auch Götter und das Geschehen konzentriert sich auf die Wirklichkeit, auf die „[...] Grundvorgänge, welche die natürliche und die menschliche Welt strukturiert." (Lüthi, 2004: S. 11) Ein Mythos ist eine „erzählte Geschichte [...] über etwas Bedeutendes" (Segal, 2007: S. 11f.), die nicht nur in der Vergangenheit, sondern auch in der Gegenwart oder in der Zukunft spielen kann.

Der Begriff Mythos geht heutzutage mit der Konnotation der ‚Unwahrheit' Hand in Hand. Religionen, Philosophie und Wissenschaft grenzten den Mythos auf heidnische Glaubensvorstellungen und abergläubische Erzählungen ein. Daher wird der Begriff der Mythen unter anderem auch für alltägliche Aussagen, falsche Annahmen und Überzeugungen verwendet, so zum Beispiel der Mythos: „Schokolade macht Pickel." – Akne hat nichts mit falscher Ernährung zu tun – oder: „Joghurt hilft bei Sonnenbrand." – Joghurt kann eher zu Entzündungen als Heilung führen. (vgl. EM 9, 1999: Sp. 1092 – 1104; Lüthi, 2004: S. 11; Pöge-Alder, 2007: S. 36; Poser, 1980: S. 30f; Präventionskampagne Haut, 2009: o.S.; Segal, 2007: S. 11 – 14)


**Fabel**

*Fabel* wird vom lateinischen *fabula* (Erdichtetes) oder *fari* (sprechen) abgeleitet, gelangte aber erst über das französische *fable* (im Sinne von ‚Märchen, unwahre Geschichte') im 13. Jahrhundert in den mittelhochdeutschen Sprachgebrauch. Geschichtlich gesehen reichen Fabeln bis ins 2. Jahrtausend vor Christus zurück und findet sich in der Literatur Ägyptens, Babylons oder Griechenlands und Indiens wieder. Durch De La Fontaines Fabelübersetzungen 1704, wurde die Fabel zum Novum der Aufklärung in ganz Europa. Wie das Märchen erzählen Fabeln vom Überirdischen, jedoch fehlt es ihnen an Magie. Es gibt keine Zauberkräfte die einen helfen, es sind vielmehr fiktive Erzählungen die von sprechenden und handelnden Tieren, Pflanzen und Gegenständen getragen werden. Auch geht es nicht so sehr um die Handlung und um die Figuren, als viel mehr um die praktische Bedeutung der Erzählung. Meist soll eine Moral, eine praktische oder religiöse Lehre (ähnlich der ‚Wahrheitsverkündung' bei der Predigt) oder eine Metaphorik vermittelt werden. Die Fabel will den Verstand ansprechen. (vgl. EM 4 1984: Sp. 727 – 745; Leibfried, 1982: S. 1 und S. 17f.; Lüthi, 2004: S. 12; Poser, 1980: S. 34f.; Zymner, 2009: S. 234 – 237)

## Schwank

Der *Schwank* berichtet gerne vom Verwunderlichen und steht dem Märchen näher als den realistischen Erzählungen. Der Schwank will vor allem zum Lachen bringen und neigt daher stark zur Parodie und zur Satire. „Er ist als Gattung nicht ohne weiteres neben andere Erzählgattungen zu stellen, sondern als eine Möglichkeit jeder Gattung zu verstehen [...] Der Schwank bringt die in den verschiedenen Erzähltypen ausgeprägte Ordnung ins Wanken [...] " (Lüthi, 2004: S. 13) Der Schwank und das Märchen spiegeln „ [...] die Sehweise, mit der der Mensch die Wirklichkeit erfasst und ausdeutet [...]" (Strassner, 1968: S. 13) wieder. Zum einen will der Schwank das Komische der ihn umgebenden Dinge beleuchten, zum anderen will er eine vergeistigte Welt anschaulich machen, in welcher sich alle Wünsche und Hoffnungen erfüllen können. (vgl. Lüthi, 2004: S. 13; Poser, 1980: S. 33f.; Strassner, 1986: S. 13)

## Mischformen

Märchen wird als Oberbegriff für *wunderbare* Erzählungen verwendet, die einander überlappen und sich vermischen. Daraus entstehen Formen wie Zaubermärchen, Legendenmärchen, Schwankmärchen, Novellenmärchen, Märchenroman und viele mehr. Jede Form verwendet Märchenmotiven, jedoch unterscheiden sie sich durch die Kombination der Motive und der Darstellungsart.

In den Sammlungen findet sich meist ein Angebot von vielen verschiedenen nebeneinander stehenden Gattungen. In den KHM der Brüder Grimm finden sich nicht nur Märchen, sondern auch Kunstmärchen, Exempel, Äthiologien, Kettenmärchen, Legendenschwänke, Rätselschwänke, Parabeln, Novellenmärchen und vieles mehr.
Bei näherer Betrachtung der Erzählungen in einer Sammlung ergeben sich unterschiedliche Schnittflächen und verschiedene Gattungszuteilungen. Überdies kann es zu Verschiebungen innerhalb der Gattungen kommen, da sich Einstellungen zu Themen (z. B.: geglaubter übernatürlicher Inhalt) oder zu Funktionen (z. B.: das Gruseln) ändern.

Dadurch vermischen sich nicht nur die Erzählungen untereinander, sondern auch Stil, Sprache und Handlungsgang. (vgl. Pöge-Alder, 2007: S. 45f.; Poser, 1980: S. 12f.)

Die folgende Grafik versucht die Schnittstellen und die Nähe der einzelnen Gattungen zueinander aufzuzeigen. Märchen und Erzählungen sind hier in einen Rahmen des alltäglichen Erzählens und der populären Erzählstoffe eingebettet, innerhalb dessen sie verwendet werden. Die Angrenzungen und Vermischungen ergeben eine Komposition von unterschiedlichen Motiven in gattungstypischer Art für das Märchen. Diese lassen sich zum Teil in eine zeitliche Abfolge bringen. So kann man zum Beispiel die Kontamination und die Bearbeitungsstufen in den KHM mit Vergleichen zwischen den Auflagen und den Eintragungen und Abschriften der Brüder Grimm rekonstruieren. (vgl. Pöge-Alder, 2007: S. 50)

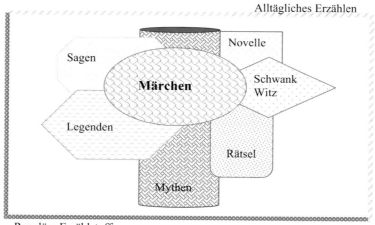

Abb. 19: in Anlehnung an Pöge-Alder, 2007: S. 46

Durch die Mischformen und durch die Verzweigungen in den vielen Variationen scheint sich das Märchen selbst weiter zu produzieren ohne seine Form und seine Grundgesetze aufzugeben. Die Formen und Gattungen orientieren sich scheinbar am

Märchen und das Märchen dominiert offenbar. Oder benützt das Märchen die anderen Gattungen und dessen Motive und Themen um sich in der Gesellschaft zuhalten? (vgl. Arendt, 1990: S. 205)

## 4.2.2. Volks-, Kunst- und andere Märchen

### Volksmärchen

Das *Märchen, Volksmärchen,* lebt in der oralen Tradition und gilt als „[...] universelle Gattungsform, die – nach einem Wort der Brüder Grimm – gewissermaßen von selbst entsteht." (Bausinger, 1995: S. 173) Die Brüder Grimm setzten 1812/14 den Begriff Märchen als Gattungsausdruck im deutschen Sprachraum durch, wobei sie sich vor allem auf den Begriff *Volksmärchen* stützten und in diesen Erzählungen „[...] angeblich mündlich durch die Jahrhunderte tradierte Zeugnisse für german[ische] oder gar indogerman[ische] Mythologie [...]" (Rölleke, 2009: S. 510) sahen. Man geht im Allgemeinen davon aus, dass Märchen vom Volk „erfunden" und durch das Volk verbreitet worden sind. Tatsache ist jedoch, dass Märchen keine überprüfbare und vor allem keine beweisbare mündliche Herkunft haben. Die Basis der Märchenforschung, die Referenz auf mündliche Weitergabe, baut auf das Fehlen von Beweisen auf: „A belief in fairy tales' oral origins requires that there be no written records." (Bottigheimer, 2009: S. 2). Dennoch sollte man die Bedeutung der Mündlichkeit von Volksmärchen nicht komplett ad acta legen, sie scheint nur als Definitionsmerkmal an sich nicht mehr haltbar zu sein. Wie Stefan Neuhaus plädiert auch Ruth Bottigheimer für eine Neubewertung und Unterscheidung der Begriffe ‚Märchen' und ‚Volksmärchen'. Volksmärchen sind für Neuhaus „ [...] ein Konstrukt der Zeit der Romantik und vor allem der Brüder Grimm." (Neuhaus, 2005: S. 371). Für ihn existieren sogenannte ‚Volksmärchen' nicht. Auch für Ruth Bottigheimer gibt es das ‚Volksmärchen' an sich nicht mehr, da Märchen oralen Ursprungs in unserer Kultur nicht mehr existieren. Die uns bekannten Erzählungen basieren auf literarischen Sammlungen. (vgl. Bausinger, 1995: S. 173; Bottigheimer, 2009: S. 1 – 4; Neuhaus, 2005: S. 3 – 7, S. 371; Rölleke, 2009: S. 509f.)

**Kunstmärchen**

Das *Kunstmärchen* wird als individuelle Dichtung angesehen, das sich thematisch, strukturell und motivisch an der Gattung Märchen orientiert, das aber auch „völlig frei phantastische Wundergeschichten fabuliert" (Lüthi, 2004: S. 5). Es lebt in der Literatur, wird als Verfeinerung und Ausgestaltung von etwas Vorgegeben betrachtet und zählt zur Individualpoesie. Autor und zeitliche Entstehung der Kunstmärchen sind bekannt, reichen aber als reines Unterscheidungsmerkmal zum Volksmärchen nicht mehr aus. Obwohl beim Kunstmärchen das Märchenwunder und das Wunderbare im Mittelpunkt steht, wird es nicht immer als selbstverständlich betrachtet und vom Autor meist auch unterschiedliche betont und interpretiert. Die Figuren und Personen werden als Individuen mit Charakter gesehen und es wird ab und an auf das glückliche Ende verzichtet. Das Stilmittel der Ironie wird häufig verwendet und viele inhaltliche Merkmale sind konträr zum Volksmärchen. (vgl. Lüthi, 2004: S. 5; Neuhaus, 2005: S. 7f.; Rölleke, 2009: S. 447 – 451)


Dem Volks- und Kunstmärchen gemeinsame Merkmale wären:
(Neuhaus, 2005: S. 9 und S. 372)

- Held oder Heldin haben eine Aufgabe zu lösen
- Es werden magische Requisiten verwendet (Zauberstab, Besen, usw.)
- Natur- und Zahlensymbolik spielen eine Rolle
  (Bäume, Wasser, drei, sieben, zwölf)
- Tiere können sprechen, sie verhalten sich menschenähnlich
- Es gibt eine Verbindung zum Mythos
- Es werden alltägliche Probleme und Herausforderungen bewältigt
- Eine Mangelsituation ist aufzulösen

Die Unterschiede zwischen Volks- und Kunstmärchen werden gegenübergestellt:
(Neuhaus, 2005: S. 9 und S. 372)

| Volksmärchen | Kunstmärchen |
|---|---|
| vermutlich oral tradiert | Autor bekannt |
| Ort- und Zeitlos | Angabe von Ort und Zeit |
| einfache Sprache | künstlerische Sprache |
| lineare Handlung | mehrsträngige Handlung |
| alltägliche, stereotype Handlung | Vielschichtige, originelle Handlung |
| alltägliche Schauplätze | charakteristische Schauplätze |
| eindimensionale Charaktere und Typen | Mehrdimensionale Charaktere |
| Figuren ohne Tiefgang | Figuren mit Individualisierung |
| gute und böse Figuren | gemischte Figuren |
| Happy End | kein eindeutiges Happy End, schlechter Ausgang |
| Formelhaftigkeit am Anfang und zum Schluss | keine Formelhaftigkeit |
| einfaches Weltbild | komplexes Weltbild |

Einige Forscher sehen die Unterscheidung von Kunst- und Volksmärchen als ein Hindernis an, welches bei der sachgerechten Findung nach einer Definition des Märchens im Wege steht. Denn der abnehmende Glaube an die Mündlichkeit der Märchen und somit an dessen Natürlichkeit, lassen den künstlichen Wesenszug als Sonderstellung des Kunstmärchens ebenfalls wanken. Ein Wegfallen des Merkmals ‚mündliche Tradierung' wurde die Begriffe ‚Volks-, und ‚Kunstmärchen' konkret auf eine Stufe stellen.

> Eigentlich sind alle Märchen Kunstmärchen, denn sie sind alle Produkte von Autoren; dabei ist es gleichgültig, ob diese Autoren bekannt sind und wie viele in welcher Form Motive und Züge beigetragen haben. (Neuhaus, 2005: S. 371)

Gleichwohl erscheint eine Differenzierung angebracht, da das Kunstmärchen die Märchenvorstellung des 18. Und 19. Jahrhunderts mitgestaltete. Für Jack Zipes ist es vor allem der Umgang mit dem Wunder und dem Numinosen, dass das Märchen vom Kunstmärchen und anderen Gattungen trennt. Auch wären die Eigenarten der verschiedenen Erzählungen in Form, Inhalt und Stil ohne eine Abgrenzung nicht mehr erklärbar. Und wie ließen sich dann Geschichten von schriftlosen Völkern erklären, die nicht auf Buchmärchen basieren? (vgl. Mayer/Tismar, 1997: S. 2f.; Neuhaus, 2005: S. 371; Pöge-Alder, 1994: S. 16; Zipes, 2007; S. 5)

**Europäische und außereuropäische Märchen**

Auch wenn jede Nation, jede Epoche und ihre jeweiligen Eigenarten die Erzählungen mitbestimmen, so ist doch ersichtlich, dass das Märchen europaweit gemeinsame Züge aufweist. Es kann von einem „[...] Grundtyp des europäischen Volksmärchens gesprochen werden [ dieser muss] als Idealtyp aufgefasst werden; die einzelnen Erzählungen umkreisen ihn, nähern sich ihm, ohne ihn je ganz zu erreichen." (Lüthi, 2004: S. 25) Hauptsächlich wird das europäische Märchen durch die Konzentrierung auf bestimmte Personen, Requisiten, Handlungsabläufe und Darstellungsarten gekennzeichnet. (vgl. Lüthi, 2004: S. 25)

Forscher gehen davon aus, dass die Bezeichnung *Märchen* oder *Volksmärchen* bei außereuropäischen Erzählungen nur mit Restriktionen verwendet werden kann. Folglich kann die europäische Gattungsunterscheidung (Fabel, Sage, Novelle...) nicht auf andere Erzählungen umgelegt werden, wie dies bei den *indischen Erzählungen* geschah. Leitete Theodor Benfey noch alle Märchen von der indischen Erzählsammlung *Pañcatantra* ab, so entzogen Johannes Hertel und Vladimir Propp den indischen Erzählungen die Bezeichnung ‚Märchen', da für sie in den indischen Märchen Realität, Wunder und Wortkunst zu sehr ineinander verschwimmen.

Auch bekannte *orientalische Werke*, welche das europäische Erzählwesen beeinflussten, zum Beispiel das als ‚Märchensammlung' berühmt gewordene Buch der *Tausendundeine Nacht*, seien vorwiegend Kunstdichtungen. ‚Tausendundeine Nacht' baut sich aus Beiträgen von vielen Völkern, Nationen (z. B.: indisch, ägyptisch, altbabylonisch, jüdisch, syrisch u.v.m.) und Epochen (z. B.: 8.-12. Jahrhundert, Kreuzzüge, Zeit der Beduinenritter u.v.m.) zusammen und sind hoch literarisch verfasst. Erst seit kürzerem wird arabisches Volkserzählgut gesammelt, welches der Gattung Märchen bereits näher kommt.

*Erzählungen von Naturvölkern* sind gänzlich von einer anderen Art und Weise. Hier trifft man auf die Frühformen des Märchens – Mythos, Sage, Märchen, Fabel und Schwank sind hier noch dicht zusammen. Meist sind die Erzählungen in Kulthandlungen, Sitten und Bräuchen eingebunden und so auch Teil von gelebten Riten. (vgl. Lüthi, 2004: S. 33 – 38; Röhrich, 1956: S. 114 – 123)

> „Märchen im europäischen Sinn sind gleich weit entfernt von unverbindlichem Fabulieren und von strenger Bindung an äußerer Wirklichkeit. Sie sind insofern eine Kunst der Mitte. Die Geschichten der Naturvölker sind im ganzen genommen stärker und unmittelbarer mit der Welt der Wirklichkeit, des Traums, des Glaubens und der Sitte verknüpft, die der Orientalen motivisch realistischer, in der Erzählart oft der Neigung zu ungebundenem Schweifen der Phantasie oder zu Spekulation und Konstruktion hingegeben." (Lüthi, 2004: S. 38)

## 4.3. Funktion, Bedeutung und Deutung

Es ist ein sehr umstrittenes Thema, ein Thema zu dem es die unterschiedlichsten Antworten gibt und doch keine davon zuzutreffen scheint:

Was ist die Funktion? Was ist die Bedeutung von Märchen?

Die Märchenforschung versucht zu diesen und anderen Fragen einige Ansätze und Richtungsweisen zu liefern. In der Zusammenarbeit mit den verschiedensten Wissenschaften, zum Beispiel die Volkskunde, die Psychologie, die Kunstgeschichte, die Religionskunde oder die Soziologie, können einige Fragen im Bezug auf des Märchens Sinn und Funktion im Ganzen des menschlichen Daseins langsam erarbeitet und diskutiert werden.

Zu Anfangs und für sehr lange Zeit war die Antwort auf diese Fragen, dass das Märchen einzig und allein der *Unterhaltung* diene. Das Märchen wurde so zu einer einfältigen und traumhaften Geschichte herabgestuft. Doch das Märchen scheint viel mehr als nur reine Unterhaltung zu sein: Es versucht die Welt repräsentativ darzustellen. „Das Märchen schaut und zeichnet eine Welt, die sich uns als das Gegenbild der unbestimmten, verwirrenden, unklaren und bedrohlichen Wirklichkeit entwickelt." (Lüthi, 2005: S. 80) Und doch ist das Märchen, indem allen Anschein nach alles möglich ist, kein Ort der Wunscherfüllung. Vielmehr versucht es den Menschen aufzuzeigen, dass in den Aufgaben und Prüfungen sich ungeahnte Möglichkeiten verbergen.

(vgl. Lüthi, 2005: S. 76 – 81; Poser, 1980: S. 48)

Als fundiert gilt die Auffassung, dass Märchen zu allererst keine Kindergeschichten, sondern Erwachsenenerzählgut waren. Märchen waren dennoch nicht nur reine Unterhaltungsmedien, sie kamen viel eher den Bedürfnissen nach Tradition, Information, Klatschsucht und Sensationshunger nach. Und dies schon lange vor den Printmedien. Heutzutage scheinen die Märchen sich die Welt der Erwachsenen wieder zurückzuerobern. Dies ist nicht verwunderlich, bietet das Märchen doch Erklärungsgründe für menschliches Verhalten an und es vermittelt auch alte tradierte Lebensgrunderfahrungen. Das Märchen hilft nicht nur Kindern die Wirklichkeit zu verstehen, es beinhaltet die grundlegende menschliche Hoffnung, dass der Arme glücklich wird und das Gute über dem Bösen obsiegt. Es liefert Ansätze für Menschen und Nationen sich seiner Identität bewusster zu werde. Das Märchen ist identitätsstiftend und zeigt soziale Strukturen auf, denn „Märchen sind immer ein Spiegelbild der Gesellschaft in der sie erzählt werden." (Röhrich, 1993: S, 10). Das märchenhafte Erzählgut hilft im menschlichen Reifungsprozess und zeigt Lösungsmodelle für Probleme auf, welche nicht nur den Kindern, sondern auch den Erwachsenen zugute kommen. Märchen sollen den Menschen (egal welchen Alters) aufzeigen, dass man sein Leben und sein Schicksal selbst in die Hand nehmen kann. (vgl. Röhrich, 1993: S. 9 – 13; Zipes, 2002: S. 62; Zipes, 2007: S. 1)


Besonders wird dies heutzutage in den vielen Ratgebern am Büchermarkt ersichtlich. Vom Storytelling im Marketing- und Managementbereich bis hin zu psychischen Problemlösungen und Lebenshilfe-Ratgebern (z. B.: Die Cinderella Strategie, Das Märchen-Entwirrbuch, u.v.m.) findet man zu jeder Lebenssituation eine passende Märchenerzählung. Märchen werden heutzutage vor allem im psychologischen Bereich gedeutet. In unserer übersexualisierten Welt werden in den Märchen gerne immer wieder die sexuellen Andeutungen, welche mehr oder weniger offensichtlich sind, in den Vordergrund gestellt und diskutiert.

## 4.4. Sammlungen und ihre Verfasser und Herausgeber

### Tausendundeine Nacht

Die Erzählungen aus *Tausendundeiner Nacht* liefern nicht nur die Vorlage zur Gattung Märchen, sie sind die erste Märchensammlung überhaupt. Die Texte gehen auf Handschriften zurück, die auf arabischen Quellen aus dem 8. – 10. oder 9. – 15. Jahrhundert beruhen. Der Umfang der Sammlung variiert je nach Ausgabe und Übersetzung. Die Texte lassen sich auf drei antike orale Kulturen zurückverfolgen: zur indischen, persischen und arabischen Kultur. Vermutlich zirkulierten sie in der Umgangssprache schon Jahre oder Jahrhunderte bevor sie auf Arabisch niedergeschrieben wurden. 1704 veröffentlichte Jean Antoine Galland (er erwarb eine arabische Handschrift und übersetzte diese ins französische) die bisher älteste Sammlung der arabischen Märchen in Europa und gab mit seiner freien Bearbeitung „[...] den Startschuss für die Popularisierung der Gattung Märchen im 18. Jahrhundert und darüber hinaus." (Neuhaus, 2005: S. 46.) Die Erzählungen aus Tausendundeiner Nacht wurden zu einem gern verwendeten Motiv- und Themenkatalog für die Dichtung und Literatur des frühen 18. Jahrhunderts und danach. Doch auch die arabischen Texte blieben nicht frei von Umgestaltung und Bearbeitung. Die Texte wurden, wie die Märchen, homogenisiert und den Normen der bürgerlichen Gesellschaft angepasst. So verschwand vor allem jegliche Darstellung von Sexualität, welche in den Erzählungen nur noch als vage Andeutungen auftaucht. (vgl. Neuhaus, 2005: S. 45 – 52; Zipes, 2000: S. 22 – 25)

Abb. 20: arabisches Manuskript, 15. Jahrhundert, Galland-Handschrift

Abb. 21: Perraults La barbe bleue (Blaubart) in orientalischem Gewand von Edmund Dulac

Abb. 22: Portrait Straparola

### Giovan Francesco Straparola

*Le piacevoli notti – Die ergötzlichen Nächte 1550/1553*
Straparola wird als einer der ersten Märchensammler angesehen. Seine Sammlung enthält 73 bis 75 Erzählungen, in denen Straparola auf unterschiedliche Quellen zurückzugreifen scheint, da sich Spuren von orientalischen und biblischen Erzählungen finden lassen, sowie eine Beeinflussung von Bocaccio und dessen *Decamerone*. Die Erzählungen sind auf eine höfische Zuhörerschaft um 1500 abgestimmt. Man findet, anders als bei den Brüdern Grimm, derbe und drastische Schilderungen, sexuelle Anzüglichkeiten zur geheimen Bedürfnisbefriedigung und gottesgerechte Bestrafung. Durch diese Aufteilung werden die geltenden Gesellschaftsnormen nicht verletzt.

In den *Ergötzlichen Nächten* finden sich Motivübereinstimmungen zur späteren Gattung Märchen:

- o die Figuren sind flächenhaft gezeichnet,
- o es gibt eine lineare Handlung,
- o eine einfache Symbolik und
- o das Böse wird bestraft, das Gute gewinnt.

(vgl. EM 12, 2007: Sp. 1360 – 1369; Neuhaus, 2005: S. 53 – 55)

Abb. 23: Portrait Basile

### Giambattista Basile

*Pentamerone – Lo cunto de li cunti*
*Das Märchen der Märchen (1634/1636)*
Ursprünglich hieß die Sammlung, welche 50 Erzählungen umfasst, ‚Die Geschichte der Geschichten', wurde aber zwecks der Ähnlichkeit zu Boccaccios *Decamerone* umbenannt. Das posthum erschienene Pentamerone wurde, wie Straparolas Sammlung, für eine gehobene Gesellschaft des Feudalsystems verfasst. Im Vergleich

zu Straparola, baut Basile seine wunderbaren Erzählungen noch stärker aus – Wunder, Tugend und Sexualität finden eine stärkere Ausschmückung und Herausarbeitung. Ironie, drastische und derbe Schilderungen sowie sexuelle Freizügigkeit wurden in den Rezeptionen des 18. Jahrhunderts normiert, verbürgerlicht und dadurch getilgt.

Während Straparola der erste Märchensammler ist, wird Basile als der „[...] Großvater des europäischen Märchens [...]" (Neuhaus, 2005: S. 56) angesehen. Dies lässt sich darauf zurückführen, dass Basiles Werk als erste wesentliche Sammlung in Europa gänzlich aus Märchen zu bestehen scheint. Darüber hinaus finden sich einige Volksmärchen das erste Mal in schriftlicher Form und das Wunderbare wird erstmals als selbstverständlich und Teil der Handlung angesehen. Das Pentameron wurde zur wichtigsten Quelle weiterer Märchenadaptionen und –produktionen. Basiles Texte greifen erkennbar auch auf Äsop, Straparola, Tausendundeine Nacht und anderen frühen Texten zurück, scheinen aber auch aus oraler Überlieferung zu stammen. Auch die Brüder Grimm und Charles Perrault griffen in ihrer Arbeit auf Stoffe und Motive von Basiles Sammlung zurück. So, zum Beispiel, stammt der Stoff zu *Aschenputtel* (KHM 21) aus Basiles Feder, *Petrosinella* ist handlungstechnisch der Vorgänger von *Rapunzel* (KHM 12) und *Sonne, Mond und Talia* von *Dornröschen* (KHM 50). Die Erzählung *Die Bärin* – Ein König begehrt seine Tochter und will sie heiraten, daraufhin wird ihr die Flucht durch eine Truhe oder durch die Verwandlung in ein Tier bzw. durch das Tragen von einem Tierfell ermöglicht – findet sich nicht nur bei Straparolas Erzählung zu *Thebaldo, Fürst von Salerno* (EN S. 26 – 38*)*, sondern auch in Perraults *Eselshaut* wieder und danach sogar bei den Grimms in *Allerleirauh* (KHM 65). Gemeinsam ist heute allen die Straffung und Normierung und Verbürgerlichung durch die Brüder Grimm.

Auch in Basiles Pentamerone finden sich Merkmale der späteren Märchengattung:

o   es wird aus einer Notsituation heraus gehandelt,

o   distanzlos (eindimensional) treten numinose Gestalten (Hexen, Zauberer) auf

o   und die Aufgaben werden mithilfe von magischen Gegenständen gelöst.

(vgl. EM 1, 1977: Sp. 1296 – 1308; Neuhaus, 2005: S. 56 – 63; Zipes, 2000: S. 41 – 43, S. 377f.)

**Charles Perrault**

*Contes de fées – Die Märchen (1695/1697)*

Charles Perrault machte die Gattung Märchen populär und beeinflusste ihre Entwicklung immens. Märchen die man von den Brüdern Grimm kennt, wurden von Perrault vorgestaltet. Wobei dieser ebenfalls auf Quellen von Boccaccio, Straparola und Basile zurückgriff, was zum Beispiel bei der Erzählung *Eselshaut* oder *Cendrillon* (Aschenputtel) ersichtlich wird. Perraults Erzählungen zielen, der Zeit gemäß, sehr auf Unterhaltung und Belehrung ab, wobei die Moral am Ende der Geschichte

Abb. 24: Portrait Perrault

das Lehrwerkzeug darstellt. Sie ist Perraults Kennzeichen und „ [...] wirkt normbestätigend" (Neuhaus, 2005: S. 69).

(vgl. EM 10, 2002: Sp. 746 – 753; Neuhaus, 2005: S. 64 – 69)

**Wilhelm und Jakob Grimm**

*Kinder- und Hausmärchen (1812/1815)*

*Die Kinder- und Hausmärchen der Brüder Grimm* – es gibt kaum jemanden auf der Welt der dieses Buch, oder besser die Bücher, nicht kennt. Sie sind die am weitesten verbreiteten, die am öftesten vervielfältigten und die am meisten übersetzten Schriften der deutschen Literatur.

Abb. 25: Portrait Brüder Grimm

2012 wird die Sammlung 200 Jahre alt.

Die Schriften stehen im Zentrum der Märchenforschung. Die Brüder Grimm begründeten den Typus des Buchmärchens im deutschsprachigen Raum und hatten so Einfluss auf Sammlungen und Editionen in anderen Nationen.

Angefangen hat alles mit einer Liedersammlung Clemens Brentanos, der eine wissenschaftliche Märchensammlung folgen sollte. In Zusammenarbeit von Brentano, Achim von Arnim und den Grimms erschien 1812 die Erstauflage der Märchensammlung. Diese verkaufte sich mehr schlecht als recht. Der Erfolg stellte sich erst 1825 mit einer preisgünstigeren Kleinausgabe (50 Texte) ein, der 1850 eine ‚Große Ausgabe' mit 200 Texten folgte. Die Epoche der Romantik und der politische Hintergrund (franz. Revolution und napoleonische Besatzung Deutschlands) jener Zeit regten die Sammeltätigkeit der Brüder, Brentanos und Arnims an. Sie versuchten die Gründung einer deutschen Kulturnation und eines nationalen Denkens mit Volkstümlichkeit zu festigen. Märchen waren für sie ein Exempel deutschen Kulturgutes und die vermeintliche mündliche Weitergabe eine Prämisse der Volkstümlichkeit. Zu jener Zeit war es üblich schriftliche Texte zu über- und bearbeiten und sie dem gängigem Gesellschaftskanon anzupassen. „Die Bigotterie der frühen Zeit wird abgelöst durch ein bis heute typische Scheinheiligkeit." (Neuhaus, 2005: S. 138) Durch ihre Glättungen, Bearbeitungen, Weglassungen und Transformationen der Texte schufen die Grimms einen Archetypus des Märchens, der bis heute Gültigkeit hat.

Im Gegensatz zum allgemeinen Glauben, gilt es als erwiesen, dass die Brüder Grimm keine mündliche Volkskunst aufzeichnete, sondern die Märchen von lesekundigen Bekannten, von der hessischen Märchenerzählerin Dorothea Viehmann, von anderen Märchenerzählern (welche die Grimms zu sich einluden und nicht umgekehrt) und durch Zusendungen von Sammelaufrufen bezogen. Die Texte lassen sich auf verschiedene gedruckte Buchausgaben und veröffentlichte Schriften zurückverfolgen und es finden sich Hinweise das manche Aufzeichnungen auf Erzählungen aus dem orientalischen, aus dem französischen, dem skandinavischen und dem slawischen gründen. Dennoch ist es gerade dieser interkulturelle Mix, sowie der Prozess der Verschriftlichung und der Transformation, die die Märchensammlung der Brüder Grimm charakterisiert.

(vgl. EM 7, 1993: Sp. 1278 – 1297; Feldmann, 2009: S. 19 – 24; Neuhaus, 2005: S. 131 – 142; Zipes, 2000: S. 276ff.; Zipes, 2001: S. xii – xiii; Zipes, 2002: S. 28f.)

Abb. 26: Portrait Andersen

**Hans Christian Andersen**

*Märchen und Erzählungen für Kinder (1835 – 1872)*

H.C. Andersen ist, neben den Brüdern Grimm, einer der populärsten Märchenverfasser. Andersen wurde deutlich von der traditionellen Volkskultur beeinflusst, da Sprichwörter, Bräuche, Sagen und vor allem Glaubensvorstellungen in seine Werke einflossen. Er verfasste etwa 150 Märchen gezielt für Kinder, wobei er seinen Erzählungen Werke anderer, dänische Volksmärchen oder mittelalterliche Literatur zugrunde legte. Als Autor wollte er neue literarische Werke verfassen, die auf Folklore basierten.

Er wird unter anderem als ,Vater des modernen Märchens' gehandelt. Seine Erzählungen haben eine persönliche Note, sie sind individuell und voller Ironie. Was diese Märchen wiederum einzigartig macht. Meist beginnen seine Geschichten sehr sachlich (ohne die bekannte Formel „Es war einmal") und die Sprache der Protagonisten, selbst die eines Königs, ist oft alltäglich und umgangssprachlich. Er erzählt auf eine klare und deutliche Weise und eine Moral sucht man hier vergeblich. Jedoch ist Andersens Melancholie in den Geschichten spürbar. Ein weiteres Merkmal seiner Märchen ist, dass er den alltäglichsten Gegenständen, Pflanzen und Tieren Leben und Individualität einhaucht und sie als Figuren mit menschlichen Zügen, Eigenschaften und Emotionen verwendet. Später verfasste Andersen auch Erzählungen für Erwachsene, die leider nicht allzu bekannt sind. Unter ihnen die Erzählung ,Die große Seeschlange', in welcher das transatlantische Telegraphenkabel für Aufsehen im Ozean sorgt.

Der Einfluss Andersens auf die Kinderliteratur wird im wichtigsten Preis für Internationale Kinder- und Jugendliteratur ersichtlich, welcher nach ihm benannt ist, der Hans-Christian-Andersen-Preis (The Andersen Medal). Er wird alle zwei Jahre vergeben und wird auch als „kleiner Nobelpreis" bezeichnet. Des Weiteren gilt der Geburtstag Andersens, der 2. April, als Internationale Kinderbuchtag. (vgl. EM 1, 1977: Sp. 490 – 493; Neumann, 2005: S. 195 – 199; Zipes, 2000: S. 13 – 15)

# 5. Märchenboom

> „[...] Märchen sind zu einem Bestandteil der Massenkultur und Erlebnisgesellschaft geworden." (Zimmermann, 2009: S. 50)

*Medien und Märchen* ist ein Diskussionsthema, dass sich bereits über viele Jahre hält. In diesen Diskussionen wurde vor allem eine Minderung des Märchens beklagt, die es durch die medialen Adaptionen erhielte. Man war der Meinung, dass Märchen nur durch mündliches Erzählen, durch Oralität, sachgemäß wiedergegeben werden können und, dass das einzige adäquate Medium hierfür der Erzähler oder die Erzählerin sei. Dennoch kommt man nicht umhin zu bemerken, dass die Nutzung anderer Medien und Kanäle und die verschiedenen Adaptionen, das Märchen nicht nur einem breiteren Publikum zugänglich machte, sondern auch ein neues altes Publikum wieder gewonnen wurde – die Erwachsenen. (vgl. Seibert, 2007: S. 4f.; Zimmermann, 2009: S. 50)

Der Medienwandel und seine unterschiedlichen Möglichkeiten und Darstellungsoptionen, machten das Märchen zu einem der am meisten produzierten und reproduzierten Produkte der Welt. Der Bücher- und Medienmarkt in der Sparte „Märchen" ist heutzutage für eine Einzelperson kaum mehr überschaubar. Seinen Anfang nahm dieses Phänomen im 19. und 20. Jahrhundert, als die Märchen in Buchform zu einer der beliebtesten Gesellschaftsliteraturen aufstiegen. Das Märchen wurde zu einem Vermittlungsmedium, mithilfe dessen die bürgerliche Familie und das Schulwesen Moral und Erziehung illustrierte. Die Folge am Buchmarkt war, dass verschiedenste Märchensammlungen, Einzelbände, und Bilderbücher gedruckt wurden. Später gesellten sich erste Verfilmungen im Stummfilm, Märchensendungen im Hörfunk und Schallplattenaufnahmen hinzu. Dann kamen Comics, Hörspiel- und Hörbuchkassetten und Videoaufzeichnungen sowie das gängige Format der DVD und BlueRayDVD. Die Verfilmungen wurden immer besser und umfangreicher, von Walt Disney bis hin zu heutigen Blockbuster-Kinofilmen. Des weiteren gibt es noch Theater-, Ballett- und Musicalaufführungen, „buchbare" MärchenerzählerInnen, Internationale und Nationale Märchentage, Messeveranstaltungen, Grimm-Museen, Märchenfotostrecken in Kunst und Kommerz, Märchenwanderpfade, Märchenparks, Straßennamen, Märchenstädte, Märchenfestspiele, Ausstellungen, aberhunderte Internetseiten, Unmengen von Kindersendungen im TV rund um Märchen, immer wieder neue TV-Serien, sowie Film und TV-Produktionen für junge Erwachsene, die auf Märchen, vor allem Märchen der Brüder Grimm, basieren. Auch die Werbung, Unternehmen und Marketing, Tourismus und der Konsum greifen zum Beispiel für TV-Spots, Marketingstrategien, Plakatierungen oder Verpackungen sowie zur optimalen Kundenerreichung gerne auf die alt- und allbekannten Märchen zurück.

Die Rezeption der Märchenadaptionen lässt wiederum kein Alter aus. An dieser Eigenart des Märchens lässt sich dessen Popularität am Ehesten erklären: Das Märchen ist alters- und zeitübergreifend. Je nach Ausführung und Erzählstruktur kann ein und der selbe Märchenstoff, wie etwa Aschenputtel oder Rapunzel, sowohl Kindern als auch Teenagern und Erwachsenen als Medienprodukt angeboten werden.

Die Liste der Märchenadaptionen in den verschiedensten Medien und Bereichen könnte noch um einiges weitergeführt werden und dennoch würde man das eine oder andere Medienprodukt nicht erwähnt haben oder schlichtweg übersehen.

(vgl. Lange, 2011: S. 3; Neuhaus, 2005: S. 373; Pöge-Alder, 2007: S. 29; Zimmermann, 2009: S. 50f.)


Gibt man bei Google „Märchen" in das Suchfeld ein, erhält man „Ungefähr 26.700.000 Ergebnisse". Unter dem Begriff „Grimm" sogar an die 72.900.000 Ergebnisse. Dahinter verbergen sich die unterschiedlichsten Seiten, Angebote und Informationen, die mehr oder weniger mit dem Märchenhaften zu tun haben. Der englische Begriff „Fairy Tale" bringt es auf stolze 98.700.000. Treffer.

Bei amazon.de kann man unter dem Begriff „Märchen" an die 77.900 Märchen-Artikel erwerben. Davon fallen 55.807 auf die Sparte Bücher, 1.727 auf die Sparte Musik, 1.449 auf die Sparte Filme & TV und 7.002 auf Englischsprachige Bücher. Auf amazon.com erhält man unter dem Begriff „Fairy Tales" sogar an die 105.717 Treffer, davon finden sich in der Sparte Bücher 69.795 Artikel in den verschiedensten Unterkategorien.

Auch soziale Netzwerke, wie Facebook oder Xing hinken dem natürlich in nichts hinterher, nur das es hier schwieriger ist die genaue Trefferanzahl auszumachen. (Stand Februar 2012)

## 5.1. Lesehunger, Ohrenschmaus und Augenlust

Märchen sind allgemein bekannt. Beinahe jeder Mensch auf der Welt kennt mindestens ein Märchen. Berühmt sind die Märchen der Brüder Grimm. Seit zweihundert Jahren, beginnend mit der Erstausgabe von 1812, begeistern die über 200 aufgezeichneten Märchen die Menschen. Der weltweite Bekanntheitsgrad hat es Märchen möglich gemacht umfangreich dargestellt zu werden.

Märchen sind eine unversiegbare Inspirationsquelle für Film, Kunst und Literatur auf der ganzen Welt: Theater, Film, Schallplatte, Hörkassette, Fernsehen, Kino, Comics, Cartoons, Witze, Parodien, Satire, politische Karikatur und Werbung, selbst das alltägliche Leben und die Literatur an sich, bedienen sich am umfassenden Märchenfundus. Durch die kulturelle und populäre Omnipräsenz der Märchen, der Märcheninhalte und Märchenmotive, sind die Märchen eine hervorragende Basis und bieten eine umfangreiche Grundlage zur medialen Weiterverwendung und Adaption, sowie zur intertextuellen und intermedialen Strukturverwendung und Nutzung. Die meisten Menschen wissen, was mit den Dargestellten und Angespielten gemeint ist, auch wenn sie bestimmte Märchen nicht kennen. Die verschiedenen Anwendungsbereiche (Werbung, Kommunikation, Film usw.) können so ihre gewünschten Wirkungen erzielen. Märchen sind dadurch zu einem unentbehrlichen Element der Populärkultur geworden. „Das Märchen als Kulturgut lässt [...] derartige Möglichkeiten zu, auch wenn sie vielleicht nicht jedem Märchenfreund gefallen." (Lange, 2011: S. 10).

Der Mensch liest Märchen, er sieht Märchen und er hört Märchen in allen möglichen Formen, Konstruktionen, Neuerzählungen und Adaptionen. Er begegnet ihnen beinahe auf Schritt und Tritt in fast allen Bereichen des alltäglichen Lebens und der täglichen Kommunikation. Vom Kind bis zum Greis, fast jeder beschäftigt sich irgendwann in seinem Leben irgendwie mit Märchen, dessen Gegenständen und dessen Sujets oder wird mit ihnen konfrontiert. (vgl. Bendix, 2008: S. 238; Daniel, 2011: S. 9f.; Lange, 2011: S 9f.)

Heutzutage, ist die Rezeption der Märchen vor allem audiovisuell gesteuert. Die meisten Menschen kennen Märchen nicht nur aus Büchern. Sie verbinden bestimmte Bilder und bestimmte Klänge und Musik mit den einzelnen Märchenthemen. Das kommt daher, dass man seltener auf das Vorlesen aus einem Buch als viel eher auf eine Illustration, eine Verfilmung oder auf eine Vertonung zurückgreift um die Märchen den Kindern und Erwachsenen näher zu bringen. Vor allem Film und Fernsehen haben die Wahrnehmung und die Adaption von Märchen beeinflusst.

### 5.1.1. Buy me a fairy tale: Dornröschen

*Dornröschen* (oder engl. *Sleeping Beauty*, Briar Rose) ist eines der populärsten Märchen der Brüder Grimm. Wobei sich die Erzählung über Perraults ,Die schlafende Schöne im Wald' und Basiles ,Sole, Luna e Talia' bis zu katalanischen Aufzeichnungen aus dem 14. Jahrhundert literarisch zurück verfolgen lässt. Ebenso findet man handlungsähnliche Parallelen in der griechischen und germanischen Mythologie. (vgl. Daniel, 2011: S. 171; Feldmann, 2009: S. 93f.)

Abb. 27: KHM 50 Dornröschen

### Handlung

Zu Ehren der Geburt eines königlichen Mädchens gibt ein Königspaar ein Fest. Zu diesem Fest werden jedoch nur 12 der 13 weißen Frauen (oder Feen) des Reiches eingeladen, da man nur zwölf goldene Teller für die Frauen besitzt. Die weißen Frauen/Feen schenken dem Mädchen Gaben, wie Schönheit, Weisheit oder Gesundheit. Die dreizehnte, nicht eingeladene und verärgerte, Fee unterbricht die Feier mit einer düsteren Prophezeiung: Das Mädchen werde im Alter von 15 Jahren sich an einer Spindel stechen und sterben.

88

Bei Perrault versteckt sich eine seiner acht Feen, diese wandelt den Fluch der letzten Fee in einen hundertjährigen Schlaf um.

Obwohl der König alle Spindeln und Spinnräder verbrennen lässt, sticht sich die Prinzessin an einer Spindel und sinkt in Schlaf hernieder. Alle Bewohner und Tiere des Schlosses versinken ebenfalls in einen tiefen Schlaf. In Perraults Märchen übernimmt diese Aufgabe wiederum die Fee, welche alle Anwesenden mit einem Zauberstab einschlafen lässt.

Um das Schloss wächst im Laufe der Jahre (Perrault benötigt dazu eine Viertelstunde) eine dichte Dornenhecke. Viele Ritter und Prinzen versuchten diese Hecke zu durch-dringen, starben jedoch. Bis eines Tages, selbstverständlich nach Ablauf der hundert Jahre, ein Prinz durch die Hecke hindurchschreitet und die schlafende Prinzessin erlöst. Das gesamte Schloss erwacht ebenfalls aus dem Schlaf und es wird ein rauschendes Fest, meist die Hochzeit des Paares, gefeiert. (vgl. Brüder Grimm, 2008: Bd. 1, KHM 50, S. 257 – 260; Feldmann, 2009: S. 87 – 91; Perrault, 2006: S. 55 – 69)

In den Frühversionen wird die Prinzessin von ihren Entdecker im Schlaf geschändet und erwacht erst zur Geburt ihres Kindes. In Perraults Variante erwacht die Prinzessin allein durch die unmittelbare Nähe des Prinzen und bei den Grimms ist es gar ein flüchtiger Kuss auf die Lippen der Schlafenden. (vgl. Zipes, 2000: S. 467 und 476)

**Einfach schlafen und warten, oder?**

Gibt man bei Google „Dornröschen" ein so erhält man 2.010.000 Treffer, unter „Slee-ping Beauty" an die 58.100.000 Treffer. Hier spiegelt sich die breite Popularität des Märchens wieder. (Stand Mai 2012)

Neben Umsetzungen und Adaptionen in Theater, Oper, Ballett (unter anderem mit wundervoller Musik von Peter Tschaikowski) und Musical sind es heutzutage vor allem die audiovisuellen Realisierungen die am ehesten erkannt und rezipiert werden.

Am bekanntesten ist die Walt Disney Version aus dem Jahre 1959. Diesem abendfül-lenden Zeichentrickfilm liegt die Fassung Perraults ‚Die schlafende Schöne im Walde', zugrunde. Disneys Dornröschen wird in der heutigen Populärkultur bis ins kleinste Detail vermarktet, dies ist auch bei allen anderen bekannten Disney Protagonisten der Fall ist.

Ausgehend vom enormen Merchandising Disneys erhält man Spielzeug, Kostüme, Bekleidung, Schmuck, Küchenutensilien, Matratzen, Schreibwaren, Lebensmittel, Bilder und Poster und noch so manches andere ,notwendige' Utensil, dass den Schriftzug ,Dornröschen' trägt, mit dem Märchen Dornröschen wirbt oder die Version Disneys ziert. Dies gilt natürlich auch für andere Umsetzungen von Märchen und Erzählungen.

Mit der Vermarktung einher geht vor allem auch die Ideologisierung der Figuren.

Disney hat mit der Marke *„Disney Prinzessin – Auch du kannst eine Prinzessin sein"*, nicht nur ein effektives Verbreitungs-

Abb. 28: Disney Merchandising
© Disney

instrument für Merchandising, sowie eine multimediale Plattform zum Erleben von Märchen im Internet (www.disney.de/prinzessinnen), mit Spielen, Zeichnungen und Aktivitäten, rund um all seine Prinzessinnenfiguren geschaffen, sondern versucht den Prinzessinnen Vorbildfunktionen zuzuschreiben.

Dornröschen ist eher eine passive Figur, im Film wie im Märchen. Es vermittelt den Anschein, dass eine Frau nur zu warten habe, denn der richtige Mann wird sie schon finden und sie glücklich machen (wachküs-

Abb. 29: Internetseite der Disneyprinzessinnen
© Disney

sen). Disney gibt Dornröschen, vor allem durch die Produkte und im Internet, das Image einer anmutigen und fröhlichen Person, welche sich trotz allem nicht unterkriegen lässt. Dies entsprach auch dem gängigen Frauenbild Ende der 50er Anfang der 60er Jahre. Des Weiteren teilt Disney den Prinzessinnen identitätsstiftende Farben zu. So werden bestimmte Märchenfiguren in der heutigen Populärkultur, der Rezeption und in Adapti-

90

onen auch mit diesen Farben verbunden, identifiziert und dargestellt. Bei Dornröschen dominieren vor allem die Rosa- und Pinktöne.

Andere Dornröschenkunsterzeugnisse und Medienprodukte, welche meist in Pink gehalten sind, proklamieren heutzutage: eine Frau will nicht nur warten und sich wachküssen lassen, wenn es sein muss, erwacht sie von allein und nimmt ihr Leben selbstbestimmend in die Hand.

Nichtsdestotrotz wird Dornröschen als eines der romantischsten Märchen gehandelt. Welche Frau will nicht in den Armen ihres Märchenprinzen erwachen und die triste Dornenhecke des Singlelebens hinter sich lassen, ohne sich anstrengen zu müssen?

Abb. 30: Direkte und indirekte Hilfe
für die Traumprinzsuche

Trotz der populären filmischen Umsetzungen, hat der Buchsektor der Märchenbücher keine Einbußen erlitten. Im Gegenteil, neben den Büchern zum Film gibt es unzählige Neuauflagen und Neuerzählungen des Märchens, mit und ohne Illustrationen, verschiedensten Versionen von Perrault bis Grimm und darüber hinaus. Sparten wie Belletristik, Erotikerzählungen, Geschenkbücher oder Lern- und Nachschlagewerke im Bereich ‚Märchen' nehmen zu. Ein ständig wachsender Zweig der Dornröschenbuchvermarktung, sowie der Vermarktung aller bekannter Märchen, sind vor allem psychoanalytische und tiefenpsychologische Schriften, sowie Lebenshilferatgeber und Fachliteratur.

Abb. 31: Dornröschens Wandel in der Belletristik

Durch neue Erzählstrukturen ist der Klassiker nicht länger nur ein Kindermärchen.
Ob als Romanheldin im 21. Jahrhundert, welche mit modernen Problemen und alten Märchen zu kämpfen hat oder als reale Lebenserzählung einer Frau, die aus ihren Modeltraum erwacht um zu sich selbst zu finden. Im Kern bleibt das Dornröschenmärchen erhalten, durch die Neuerzählungen erhält das Märchen verschiedene neue Strukturen, Umgebungen und Auslegungen.

Abb. 32: Comics geben Märchen die Möglichkeit neue Erzählstrukturen und Auslegungen zu erfahren.

Im Comic „The Ballad of Sleeping Beauty" wird der Kern des Märchens von Dornröschen in den Wilden Westen verlagert: Eine Stadt namens Briar Rose (Dornröschen im Englischen) wird von einer Indianerin verflucht. Durch das erstgeborene Mädchen der Siedler, wird die gesamte Stadt an ihrem 18. Geburtstag in einen ewigen Schlaf fallen. Ein gesuchter Revolverheld macht sich auf um den Fluch zu brechen.
(vgl. Read About Comics, 2004: o.S.)

Den größten Einfluss auf die Darstellung und Wahrnehmung von Dornröschen haben die populären Medien, allen voran die audiovisuellen Produkte. Vor allem Werbung, Film und Musik bestimmen die Rezeption und Popularität der Märchen. Am meisten bewusst ist dies der Werbung. Sie spielt mit den bekannten Eindrücken und Erinnerungen der Märchen und mit den Wunsch, Märchenhaftes in den Alltag zu integrieren. Werbung suggeriert, dass man sich ein Leben wie im Märchen oder das Märchengefühl aus der Kindheit erkaufen kann.

Um diese Suggestion effektiv umzusetzen arbeitet Werbung mit Kunst und Inszenierung, Musik und Text und beeinflusst dadurch nicht nur unser Wahrnehmungsbild und unsere Kommunikation, sondern auch das Medium Märchen und vor allem die Erzählstrukturen des Märchens wie kein anderes Instrument.

Abb. 33: Disney Fairy Tale Wedding

Die Hochzeit ist der perfekte Anlass um sich wie eine Prinzessin zu fühlen, dass weiß auch die Werbung, Disney und die Modeindustrie
©Alfred Angelo & Disney

Abb. 34: Dornröschen im New Media Zeitalter
Werbung verortet Märchen in die Zukunft und gibt ihm so eine neue Erzählstruktur

Der Prinz kämpft sich durch eine Kabelhecke und findet veraltete, eingeschlafene Technik vor. Seine „elektrisierenden" Berührungen zeigen ihm nicht nur ein digitales, dreidimensionales Abbild von Dornröschen, sondern auch den Weg zu ihr und mit Hilfe dieser sanften Berührung erweckt der Prinz Dornröschen aus dem antiken Technikschlaf.
LG Touch brings Life to Life
© LG Mobile Phones, United Kingdom, 2009

Abb. 35: Mediale Neuerzählung eines Klassikers.

Sollten weder elektrisierende Berührungen noch der altbewährte Kuss helfen, dann schafft es scheinbar auf alle Fälle die Prinzenrolle Dornröschen zu erwecken.
Kinder und Erwachsene können sich wie ein Prinz fühlen, wenn man beim Spielen oder beim Aufwecken seiner Liebsten Kekse verwendet.
© de Beukelaer, Deutschland, 2003

Abb. 36: Disney prägte das Wahrnehmungsbild von Dornröschen
Die Werbung weiß um dieses eingeprägte Kollektivbild Dornröschens
und verwendet dieses auch um Suggestionen und Rezeption zu steuern.

In dieser Werbung wurde Disneys Dornröschen optisch durch
Kleid, Krone, Bettdecke und Körperhaltung (inkl. der Blumen in den
Händen) in Szene gesetzt.
© Bensons for Beds, United Kingdom, 2009

Abb. 37: Angeeignete Wahrnehmung
Für viele sieht eine böse Hexe genauso aus, wie sie in der
Disneyversion kreiert wurde. Selbst in Neuverfilmungen des
Märchens orientiert man sich an diesem Bild.
(Dornröschen, US 1959, 00:49:24;
6 auf einen Streich: Dornröschen, DE 2009, 00:12:16)

In der heutigen Populärkultur sind Märchen für alle Altersgruppen in allen möglichen Formen, Neuerzählungen, Adaptionen und Publikationen, sowie Gebrauchsgegenständen und vor allem Spielzeug, gefragter als in früheren Zeiten.

Kaum ein Bereich des alltäglichen Lebens und der Kommunikation in dem Märchen nicht hier oder dort irgendwie auftauchen. Vor allem die Filmindustrie hat diese Bewegung aufgegriffen und bringt eine Märchenproduktion nach der anderen auf die Leinwand.

So auch Disney, welche 2014 eine Neuerzählung des '59er Dornröschenfilms herausbringen wollen. Die Realverfilmung soll aus der Sicht von Maleficent (Malefiz), der bösen Hexe aus Dornröschen, erzählt werden und wie Maleficent zum Bösewicht wurde und zu ihrem kalten Herzen kam. Ihren Part wird die Schauspielerin Angelina Jolie übernehmen. (vgl. SurLaLune Fairy Tales Blog, o.J.: o. S. „Maleficent")

Abb. 38: Gelebte Populärkultur I

Ein sehr schönes Beispiel für Märchen in der heutigen Populärkultur ist diese Fan-Adaption von Disneys Dornröschen als Covermodel einer bekannten populären Zeitschrift, sowie die fiktionale Retrowerbung für Maleficents Spinnräder.

Originell und ausgefallen sind die Beitragshinweise für diese fiktionale Ausgabe. Es wurden bekannte Themen aus dem Film aufgegriffen und zu alltagstauglichen Gesprächsthemen ausgebaut. So kann man populäre Lesestoffe und alltägliches Erzählen mit Märchen inszenieren.
Auffallend: die Pink- und Rosatöne.
© Mary Pavlou,
petitetiaras.tumblr.com

97

## 5.1.2. Buy me a fairy tale: Aschenputtel

Die Erzählung von *Aschenputtel* (oder engl. *Cinderella,* franz. Cendrillon) ist nicht nur eines der ältesten Märchen, sondern neben Dornröschen auch eines der am bekanntesten, beliebtesten und meist reproduzierten Märchen.

Abb. 39: KHM 21 Aschenputtel

Die populärsten Versionen dieses Märchenstoffes stammen von Charles Perrault und Wilhelm und Jacob Grimm, er lässt sich jedoch literarisch bis zu Basiles Pentamerone zurückverfolgen. Die Erzählung ‚Das Erdkühlein' von Martin Montanus ist eine schriftliche Frühversion des Aschenputtelmärchens. Motive des Märchens tauchten jedoch schon bei Erzählungen aus dem alten Ägypten, aus Rom, Afrika, Japan, China und bei den nordamerikanischen Ureinwohnern auf. An die 700 Versionen, tausend Jahre alt, sollen weltweit verbreitet gewesen sein. Der bewährte Kanon der Stiefkind-Erzählung findet sich adaptiert und verändert immer wieder auf der ganzen Welt, heutzutage sind 400 Varianten bekannt: Handelt es sich doch um ein sprichwörtlich wahr werdendes Märchen, wenn jemand aus einer niederen sozialen Schicht in höhere Gesellschaften vordringt (Vom Tellerwäscher zum Millionär). (vgl. Daniel, 2011: S.101; EM 3,1981: Sp. 39 – 57; Feldmann, 2009: S. 139)


**Handlung**

Der Ablauf ist im Großen und Ganzen meist derselbe: die Mutter eines Mädchens stirbt, der Vater heiratet wieder, Stiefmutter und Stiefschwestern behandeln das Mädchen schlecht und lassen sie niedrige Arbeiten verrichten. Das Mädchen bekommt meist magische Hilfe (z. B.: von einer guten Fee, einem verzauberten Fisch oder einer Kuh, einen magischen Baum, Vögel oder Tauben usw.) um ihre Aufgaben zu erledigen oder ihr einige Wünsche zu erfüllen. Um jedoch vollkommen in eine höhere Gesellschaft einzutreten und ihren Umfeld zu entfliehen, braucht es meist einen heiratswilligen Mann und einen festlichen Anlass. Natürlich darf das Mädchen an dieser Veranstaltung, die meist dreimal stattfindet, nicht teilnehmen. Durch magische Hilfe gelingt ihr dies dennoch. Das Mädchen muss jedoch, alle dreimal, um Mitternacht das Fest verlassen und verliert beim dritten Mal einen goldenen Schuh. Der Schuhtest offenbart nicht nur die rechte Braut sondern auch die Identität des Mädchens und die schlechte Behandlung durch die Stiefmutter und der Stiefgeschwister. Die Hochzeit markiert das Ende der Geschichte, wobei manchmal auch erwähnt wird, was mit der Stiefmutter und den Stiefschwestern passiert.

Bei Perrault ist es eine Patentante, die gleichzeitig eine gute Fee ist, welche Aschenputtel hilft. Hier findet man auch die bekannte Verwandlung des Kürbis und der Mäuse in Kutsche und Pferde und der Lumpen in Gewänder aus Gold und Silber. Perrault ist es auch, der erstmals das Motiv der gläsernen Schuhe verwendet. (vgl. Brüder Grimm, 2008: Bd. 1, KHM 21, S. 137 – 144; EM 3,1981: Sp. 39 – 57; Feldmann, 2009: S. 129 – 137; Perrault, 2006: S. 95 – 104; Zipes, 2000: S. 95 – 100)

**Träume werden wahr**

Aschenputtel oder Cinderella ist, nach Schneewittchen, das am meisten reproduzierte, adaptierte und medial umgesetzte Märchen. Wobei die Versionen von Perrault und Grimm oftmals durch den Austausch von Motiven miteinander verbunden werden.

Bei Google erhält man unter „Aschenputtel" 1.090.000 Treffer und bei „Cinderella" sogar an die 99.990.000 Treffer. (Stand Mai 2012)

Kein Märchen wurde so oft umgesetzt und adaptiert wie dieses: Angefangen bei der Kunst, über Ballett, Musicals und Oper, bis hin zu Film- und Buchindustrie.

Ebenso wie bei Dornröschen findet man in allen beliebigen Kategorien des Lebens Kleinkram, Bekleidung, Bücher, Bilder, Werbung und noch so einige denkbare und undenkbare Dinge mehr, die auf ‚Cinderella', dem Märchenmotiv Cinderellas oder dessen Thematik verweisen.

Abb. 40: Märchenhaftes für Groß & Klein
© Disney und Etsy Fundstücke

Am bekanntesten ist hier abermals die Version Disneys aus 1950, die sich auch diesmal wieder an Charles Perrault orientierte. Als Identifikationsfigur verkörpert Cinderella wiederum typische Charakteristika der 50er Jahre: Sie ist klug, graziös, elegant, sanftmütig, freundlich und humorvoll. Gleichzeitig ist sie eine der ersten Figuren Disneys, die ihren Herzenswunsch verbal äußert, diesen konsequent verfolgt und der sich natürlich erfüllt. Cinderella wird vor allem mit Blautönen in Verbindung gebracht.

In der heutigen Populärkultur ist die Botschaft der Disneyadaption „Träume können wahr werden, solange du nur daran glaubst und an ihnen festhält" geläufiger und beliebter denn je. Vor allem Musik-, Tanz- und Gesangs- oder Sportadaptionen des Cinderellastoffs für jüngeres Publikum, sollen ihnen Selbstvertrauen, Glauben an die eigenen Fähigkeiten, sowie den Umgang mit Mitmenschen und Verhalten in Situationen in der heutigen Gesellschaft vermitteln. Die Botschaft lautet noch immer: „Träume werden wahr! Glaube an dich, arbeite hart und du wirst belohnt."

In den unzähligen Verfilmungen und Adaptionen wird die Figur des Aschenputtels heutzutage als eine unabhängige, selbstbewusste und willensstarke Frau

Abb. 41: Populäre Neuerzählungen des Märchens im Film

(manchmal auch als eine junge Erwachsene) dargestellt, die für den Moment in ihrer gesellschaftlichen Stellung gefangen ist, aber durch Hilfe, Konsequenz und Selbstvertrauen ihre Lebensumstände und/oder ihre gesellschaftliche Stellung ändern kann.

Ohne etwas von diesem Lebensmotto zu verlieren wird in der Musik ein eher negatives Bild von Cinderella gezeichnet. In den verschiedensten Liedern, wird dafür plädiert, dass man nicht untätig sein sollte und darauf warten, dass ein Prinz des Weges kommt und einen aus seiner Einsamkeit befreit, man sollte sich und sein Leben nicht zu sehr von anderen Menschen abhängig machen. Man plädiert mit Hilfe eines negativen Bildes für ein gängiges selbstbewusstes Frauenbild. Sollte dieser Frau ein Partner zur Seite stehen, so wird auch für Gleichberechtigung, gegenseitigen Respekt und Akzeptanz geworben. Ersichtlich wird dies zum Beispiel am Songtext von „Cinderella" von den „Cheetah Girls", wobei es sich hierbei um eine fiktive Girl-Pop-Band aus einem populären Disneyfilm handelt (vgl. SurLaLune Fairy Tales Blog, o.J.: o. S. „Cinderella"):

> „I don't wanna be like Cinderella, sitting in a dark, cold, dusty cellar.
> Waiting for somebody to come and set me free.
> I don't wanna be like someone waiting for a handsome prince
> to come and save me.
> [...] Don't wanna depend on no one else, I'd rather rescue myself.
> [...] Someday I'm gonna find someone, who wants my soul, heart and mind.
> Who's not afraid to show that he loves me.
> Somebody who will understand, I'm happy just the way I am.
> Don't need nobody taking care of me.
> I will be there for him just as strong as he will be there for me,
> when I give myself then it has got to be an equal thing."

Der Buchsektor trägt natürlich so einiges zu diesem neuen populären Cinderellafrauenbild bei und hat nützliche Lebensratgeber, Liebesglückfinder und moderne Romanheldinnen in Massen parat. Die Neuerzählungen und Umstrukturierungen des Aschenputtelmärchens ziehen sich durch alle möglichen Buchsparten.

Abb. 42: Populäre Neuerzählungen für junge Leser

Das Buchbeispiel ,Cinderella Ninja Warrior' richtet sich an junge Erwachsene.
Es zeigt ein junges selbstbewusstes Mädchen, dass für ihr Recht und ihr Leben kämpft.
Abenteuer, Magie und Romantik kommen dennoch nicht zu kurz.
Hier auffallend: das Cover zeigt ein blondes Mädchen in blauem Kleid, wie bei Disneys Cinderella.

Das zweite Buchbeispiel ,Aschenputtel, der goldene Schuh und der Prinz mit der Beule' richtet sich an ein noch jüngeres Publikum und ist eine Neuerzählung aus der Sicht eines Kindes.
Zwei Kinder landen buchstäblich innerhalb des Märchens und müssen nicht nur aus diesem wieder herausgelangen, sondern auch die Ereignisse des Märchens selbst wieder berichtigen.

Auch die Kunst präsentiert Märchen in neuen Adaptionen und macht aus ihnen populäre Neuproduktionen, ohne dass die Märchen ihren ursprünglichen Zauber verlieren.

So versetzte der bekannte Ballettchoreograph Matthew Bourne seine Cinderellaproduktion in das London der 1940er Jahre, während der Angriffe der Deutschen Luftwaffe im zweiten Weltkrieg auf London (bekannt unter : London Blitz).

Unterlegt mit der wundervollen Musik Sergej Prokofievs, welche während des Zweiten Weltkriegs komponiert wurde und die die Stimmung dieser Zeit einzufangen scheint, verliebt sich Cinderella während der Luftangriffe in einen Piloten der Royal Air Force. Die Charakteristiken des Märchens, der Schuh sowie das Suchen und Finden einer Person, wurden beibehalten und selbst die gute Fee (es handelt sich hier mehr um einen Schutzengel) findet sich in abgewandelter Form wieder. Für Bourne ist der Hintergrund des Krieges, mit den Sujets des Flüchtens, des Verlustes und des Zeitlimits, ein passender Rahmen für eine etwas dunklere Rekonstruktion des Cinderellamärchens. (vgl. Birmingham Hippodrome, 2011: o.S.; SurLaLune Fairy Tales Blog, o.J.: o. S. „Cinderella"; Time & Leisure, 2011: o.S.;)

Abb. 43: Cinderella Goes To War

Märchen, und vor allem das Märchen von Aschenputtel mit der Konnotation der Wunscherfüllung und dem Sujet des Suchen und Findens, geben damals wie heute in unsicheren Zeiten und anderen schwierigen Lebensumständen den Menschen Hoffnung und die Fähigkeit des Träumens auf bessere Zeiten und dadurch die Kraft weiterzumachen. Gleichzeitig wird dadurch ein dunkler Zeitabschnitt in der Gesellschaft, in der Kommunikation und der Rezeption romantisiert.

Äußerst großen Gefallen am Märchen von Aschenputtel haben natürlich vor allem die Werbeindustrie und die Medien. Der Aschenputtelstoff ist dafür prädestiniert für diverse Schuhmarken zu werben, genauso wie die Thematik des Suchens und Findens des richtigen Produktes und dem Glauben daran, dass Träume wahr werden können.

Auffallend ist, dass Aschenputtel in vielen diversen Umsetzungen mittels, Kleid, Kleiderfarbe, Haarfarbe, Stil oder verwendete Gegenständen meist stark an die Disneyadaption erinnert. Disney hat nicht nur eine charakterliche Identifikationsfigur, sondern auch eine optische Massenware mit Wiedererkennungswert geschaffen.

Abb. 44: Disney verspricht uns: Jedes Aschenputtelmärchen wird wahr

Werbung für Disney Themenparks von Anni Leibovitz mit Scarlett Johansson
©Disney & Anni Leibovitz, Disney Dream Portrait Series

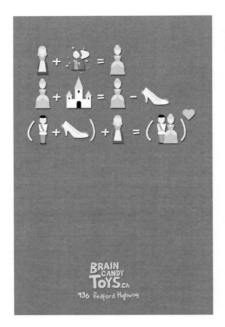

Abb. 45: Disney goes Math

Eine originelle Umsetzung von
Disneys Cinderella in der Werbung
findet sich bei einem Geschäft für
Lernspielzeug und spielerischem
Lernmaterial:
Disneys Cinderella als mathemati-
sche Gleichung mit Bildungseffekt.
© Brain Candy Toys, Canada, 2011

Abb. 46: Vom Suchen und Finden des richtigen Produkts

Dieser Traummann findet nicht nur den
richtigen Kaffee sondern das dazugehörige
einfache Traummädchen.
Auffallend: Das Mädchen trägt ein blaues
Kleid, wie Disneys Cinderella
© Moccona, Australien, 2008

Abb. 47: Träume sind kaufbar

Cinderella, auch hier an der Disneyversion orientiert, benötigt heutzutage keine gute Fee. Sie greift zu einem populäreren Hilfsmittel: Das Internet. Mit Hilfe dessen lässt sich fast alles Suchen und Finden und (Shopping-, Schuh- oder Traummann-)Träume werden wahr.
© Terra Networks, Brasilien, 2007

Abb. 48: Welches Produkt wird hier beworben?

Was denken Sie, wenn Sie dieses Bild betrachten?

Nein, es geht nicht um erotische Gute Nacht Geschichten. Und auch nicht um Dessous oder Strumpfhosen. Es geht um Schuhe.

Man findet auch ein beliebtes Disneyutensil aus Cinderella wieder: Die Kutsche, hier mit modernen HD Lautsprechern ausgerüstet.

Was hier meines Erachtens gut repräsentiert wird, ist die Tatsache, dass Märchen nicht nur unschuldige Kindererzählungen sind, sondern zu Anfang erotisches Gedankengut transportierten.
© Melissa, Brasilien, 2007

Abb. 49: Gelebte Populärkultur II

Retrowerbung und Titelblatt
sind im typischen Blau der
Disneyversion gehalten.

Trotz der Popularität der Disneyprinzessinnen, sollte man
nicht auf die Disneyprinzen
vergessen. Denn auch sie präg-
ten das populäre Gesell-
schaftsbild des perfekten
Traummannes.
Auch hier sind die fiktiven
Gesprächsthemen filmbezogen,
populär präsentiert.
© Mary Pavlou,
petitetiaras.tumblr.com

Abb. 50: Gelebte Populärkultur III

Unsere heutige Gesellschaft will durch seine populären Massenprodukte befriedigt werden.
Das Buch oder das Lesen befriedigt den Lesehunger. Das Hören der Medienprodukte sättigt den Ohrenschmaus. Das Sehen der audiovisuellen Erzeugnisse befriedigt die Augenlust.

Das „Aschenputtel Experiment" ist ein typisches populäres Massenprodukt, welches mit den Titel des Märchens und der Thematik einer plötzlichen Veränderung im Leben spielt:
Wie reagiert man, wenn man als Aschenputtel aus bescheidenen Verhältnissen, plötzlich in ein Leben voller Luxus und ohne Geldsorgen wechselt und umgekehrt? Antworten darauf versucht diese Fernsehproduktion zu geben. Gleichzeitig wird der Gesellschaft mit einigen ihrer Teilnehmern der Spiegel vorgehalten.
© RTLII, Deutschland

Abb. 51: Wie man das Herz einer Frau erobert

Schuhe, allen voran Markenschuhe, sind in der heutigen Populärkultur ein Status- und Lifestylesymbol. Sie repräsentieren in mancher Weise, wie das Märchen von Aschenputtel an sich, den Aufstieg von Arm zu Reich.
Kein anderes Märchen ist für die Werbung in der Schuhindustrie prädestinierter als das Aschenputtelmärchen mit dem Motiv der Schuhprobe.
© Hermes, 2010

107

Abb. 52: Medien und Märchen beeinflussen uns und unsere Wahrnehmung
stärker als wir dachten.

Königliche Hochzeiten werden immer wieder als Märchenhochzeiten betitelt.
Die Vermählung von Kate Middleton mit Prinz William ist in diesem Fall ein
sprichwörtlich wahr gewordenes Aschenputtelmärchen.

Die optische Ähnlichkeit zwischen dem Märchenbrautpaar und dem realen
Brautpaar, sowie die Konformität der Disney Stiefschwestern und den königli-
chen Hochzeitsgästen ist, im zweiten Fall hoffentlich, ein amüsanter Zufall und
dennoch Beweis der Popularität und des Weiterlebens der Märchen in der heutigen
Gesellschaft und im alltäglichen Denken.
© Unbekannt

108

### 5.1.3. Buy me a fairy tale: Rapunzel

Die populärste Variante von *Rapunzel* stammt auch hier wiederum von Jakob und Wilhelm Grimm. Wobei diese auf eine Schriftversion des Reiseschriftstellers Friedrich Schulz zurückgriffen, der sich wiederum auf Frühversionen aus Italien und Frankreich stützte. Teilweise finden sich Motive in griechischen und babylonischen Mythen wieder. Vor allem ersichtlich ist dies in der persischen Sage von Rudabeh oder in der frühchristlichen Erzählung der Hl. Barbara, da beide in einen Turm lebten. Die Erzählung ist in zahlreichen Versionen über ganz Europa verbreitet und variiert regional zum Beispiel in den Namen des Mädchens und der Flucht des Paares. So kann das Paar aus Basiles Pentamerone, *Petrisonella* („kleine Petersilie)", aufgrund der magischen Fähigkeiten des Mädchens erfolgreich fliehen. (vgl. Daniel, 2011: S. 49; Feldmann, 2009: S. 218f.)

Abb. 53: KHM 12 Rapunzel

### Handlung

Ein König oder Mann stiehlt aus dem Garten einer Zauberin Rapunzelsalat (oder auch Feld- oder österr. Vogerlsalat), da seine schwangere Frau nur diesen Salat zu sich nehmen will. Er wird natürlich erwischt und verspricht der Zauberin das ungeborene Kind. Die Zauberin schließt das Kind in einen Turm ohne Tür ein. Jahre später beobachtet ein Prinz, der durch den Gesang Rapunzels zu ihrem Turm gelangte, die Zauberin dabei, wie sie am langen goldenen Haar des Mädchens in den Turm hinaufsteigt. Er erklimmt auf dieselbe Weise den Turm und geht mit Rapunzel, wie das Mädchen genannt wird, eine Beziehung ein. In einer frühen Version verrät die Schwangerschaft Rapunzels der Zauberin ihren Betrug, in der Grimm-Version verspricht sich Rapunzel und erwähnt den Prinzen. Daraufhin schneidet die Zauberin ihr das Haar ab und verbannt Rapunzel. Der Prinz gelangt nichts ahnend am abgeschnittenen Haar in den Turm, wo er bereits von der Alten erwartet wird. Aus Kummer und (Herz-)Schmerz springt er in die Tiefe. Der Prinz überlebt, wird jedoch von Dornen geblendet und wandert viele Jahre umher, bis er Rapunzel (und manchmal auch ihre Kinder) wieder aufgrund ihres Gesanges findet. Die Tränen Rapunzels geben dem Prinzen sein Augenlicht wieder und sie kehren heim in sein Reich. (vgl. Brüder Grimm, 2008: Bd. 1, KHM 12, S. 87 – 91; EM 7, 1993: Sp. 791 – 795; Feldmann, 2009: S. 213 – 217; Zipes, 2000: S. 416;)

### Haare, Haare, nichts als Haare

Bevor Disney 2010 „Rapunzel – Neu verföhnt" als 3D-Animationsfilm in die Kinos brachte, war das Märchen rund um Rapunzel zwar bekannt, aber nicht halb so populär. Rapunzel wurde und wird dennoch aufgrund ihrer Haare rezipiert. Dies spiegelt sich vor allem in der Werbeindustrie wieder. Rund um die Disneyproduktion hat sich indessen ein enormes Merchandising und eine riesige Fangemeinde entwickelt.

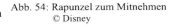

Abb. 54: Rapunzel zum Mitnehmen
© Disney

Abb. 55: Rapunzel – Neu verföhnt
und neu erzählt
© Disney

Disney unterlegte auch dieses Märchen mit einer Liebesgeschichte, wobei hier nicht auf die ursprüngliche klassische Version der Grimms zurückgegriffen wurde, sondern dem Märchen eine modernere und aktivere Handlung gegeben wurde.

Die männliche Hauptfigur ist kein Prinz, sondern ein liebenswerter Dieb. Rapunzel selbst ist von königlicher Geburt. Anders als im ursprünglichen Märchen hatte hier die schwangere Königin kein Verlangen nach Salat. Sie war krank und nur eine magische Blume, erwachsen aus einem Tropfen

Sonnenlicht, konnte ihr das Leben retten. Diese Blume gibt Rapunzels Haar, aktiviert durch ein Lied, die magische Fähigkeit zu heilen und zu verjüngen. Disney hat eine lustige und temporeiche Neuerzählung des Märchens geschaffen, indem die Haare Rapunzels eine neue Hauptrolle tragen.

Auch hier wurde mit Disneys Rapunzel eine für Mädchen äußerst moderne Identifikationsfigur im Teenageralter geschaffen: Sie verkörpert eine selbstbewusste, moderne, kluge, gebildete und überaus kreative Persönlichkeit, die auf ihr Herz hört, ihre Träume verfolgt und für sich selbst und andere einsteht.

Die Farben mit der Rapunzel assoziiert wird sind vor allem Lila- und Pinktöne.

Abb. 56: Gelebte Populärkultur IV

Die Gesprächsthemen der fiktiven TeenVouge sind wie immer dem Film entlehnt, sind aber für ein jüngeres Publikum äußerst populär gestaltet und treffend gewählt.
Es werden vor allem die Requisiten der Neuerzählung in den Vordergrund gerückt:
Die Bratpfanne und die Laternen. Diese sind unter der Fangemeinde äußerst beliebte Gegenstände. Wiederum auffallend:
die Lila- und Pinktöne.
© Mary Pavlou,
petitetiaras.tumblr.com

In der Werbeindustrie gibt es vermutlich kaum ein Produkt, dass irgendwann nicht irgendwie mit Hilfe von Märchen beworben wurde oder wird.

Manche Produkte und Suggestionen lassen sich leicht mit den bekannten Bildern der Erzählungen assoziieren, so wie Produkte zur Haarpflege und für Haarstylings durch Rapunzel beworben werden können, oder Schuhwerbungen mit Hilfe von Aschenputtel umgesetzt werden.

Abb. 57: Rapunzel! Lass dein Haar herunter!

Sprichwörtlich umgesetzt hat Pantene 2008 in Toronto das Rapunzelmärchen um ein Anti-Haarbruch Shampoo zu promoten. 2010 promotete Pantene zusammen mit Disney nicht nur die Rapunzelverfilmung, sondern auch eine Pflegeserie (in Lila gehalten) für Langes Haar.
© Pantene Shampoo, Canada, 2008; Pantene und Disney, US, 2010

Abb. 58: Keine Lust aufs Haare runter lassen

Mit dem richtigen Styling und einem
Glätteisen braucht Rapunzel, laut
Suggestion dieser Werbung, nicht
mehr auf den Prinz zu warten.
Selbstbewusst nimmt sie ihr Leben
und ihre Haare in die Hand und
befreit sich aus ihrem tristen Turm.
© ghd, United Kingdom, 2009

Abb. 59: Neuerzählung mit
unerwartetem Ausgang

Ein gutaussehender Mann macht sich voller
Hoffnung auf die lange und weite Suche nach
der einen Frau, die in einen Turm leben soll
und von der er eine Locke besitzt.
Das Haar das den Turm hinabfällt scheint das
Selbige zu sein, dass er besitzt. Tapfer macht er sich an den Aufstieg, um völlig
unerwartet einem Mann gegenüberzustehen.
Laut dieser Werbung, wäre ihm dies alles erspart geblieben, wenn er von Anfang an
sich für das richtige mobile Telekommunikationsnetz entschieden hätte.
© Zain, Arabische Emirate, 2011

### 5.1.4. Buy me a fairy tale: Schneewittchen

Literarisch begegnet man *Schneewittchen* bereits in Basiles Pentamerone und eine Frühversion des Stoffes finden sich unter anderem auch in der mittelalterliche Sage der schönen Richilde wieder, die Johann Karl August Musäus aufzeichnete und veröffentlichte, bevor das Märchen in seiner hessischen Variante mit den Zwergen durch die Brüder Grimm

Abb. 60: KHM 53 Schneewittchen

bekannt wurde. Motive des Märchens finden sich, mit über 400 Versionen, in ganz Europa, Nord- und Südamerika, Afrika oder in der Karibik. Es ist, trotz seines literarisch jungen Alters von ca. 300 Jahren, eines der bekanntesten und geläufigsten Märchen aller Zeiten. (vgl. Daniel, 2011: S. 183; Feldmann, 2009: S. 35f.)

**Handlung**

Das Märchen beginnt mit einer magischen Wunscherfüllung: Eine Mutter wünscht sich ein Kind so ‚rot wie Blut, weiß wie Schnee und schwarz wie Ebenholz' – Schneewittchen – und stirbt meist bei dessen Geburt. Der Vater heiratet wieder. Die Stiefmutter (manchmal auch die Mutter selbst) ist eifersüchtig auf das Mädchen, auf ihre Schönheit und ihre Jugend. In der Variante der Grimms befragt die Stiefmutter einen magischen Spiegel um ihrer Schönheit gewiss zu sein. In anderen Varianten fragt sie den Mond oder die Sonne oder sie belauscht Gespräche über die Schönheit der Stieftochter oder Gäste weisen sie darauf hin. Um die Position der einzigen Schönen wieder zu erlangen, befiehlt sie den Tod der Tochter. Dieser gelingt mit Hilfe des Jägers jedoch die Flucht. Sie findet Schutz und ein Heim bei sieben Zwergen oder wilden Männern, alten Frauen usw. In fast allen Erzählungen übernimmt das Mädchen die Hausarbeit und somit Verantwortung in ihrem neuen Heim. Indes erfährt die Stiefmutter dass Schneewittchen noch am Leben ist und unternimmt mehrere Versuche das Mädchen zu töten. Meist wird das Mädchen zweimal gerettet, um beim dritten Mal durch einen vergifteten Apfel, einen Giftpfeil oder andere vergiftete Gegenstände in einen todesähnlichen Schlaf zu versinken. In der Grimm-Variante wird Schneewittchen in einen Glassarg aufgebahrt, in anderen Versionen wird sie in sieben ineinander verschachtelten Kristallkisten oder in einen mit Juwelen besetzten Sarg gelegt. Die Wiederbelebung erfolgt durch das Auftreten des Prinzen, jedoch nicht durch einen Kuss, sondern durch das Stolpern eines Sargträgers oder durch das Entfernen des vergifteten Gegenstandes. Das Ende wird durch eine Hochzeit und durch das Bestrafen der Stiefmutter markiert. (vgl. Brüder Grimm, 2008: Bd. 1, KHM 53, S. 269 – 278; Feldmann, 2009: S. 25 – 34; Zipes, 2000: S. 478ff.)

**Blut, Glass und Äpfel**

Mit 5.170.000 Treffer für „Schneewittchen" und 255.000.000 Treffer für „Snow White" führt dieses Märchen die Liste der meisten Treffer, der allgemeinen Märchenbekanntheit und der meisten Umsetzungen und Neuerzählungen an. (Stand Mai 2012)

Abb. 61: Märchen als Lifestyle
© Claire's; Disney &
Essence; Etsy Fundstück

Obwohl das Märchen in verschiedenen Versionen seit langem weltweit im Umlauf ist, stammt die bekannteste Version der Erzählung aus der Feder der Brüder Grimm. Populär ist vor allem auch die mediale Umsetzung Disneys aus dem Jahre 1937. Für einige Personen ist das darin vorkommende Lied „Someday my prince will come" sogar an der etwas inaktiven Lebenseinstellung mancher Frauen schuld (man braucht nur zu warten und alles kommt so wie man es sich wünscht). Dennoch hält auch hier der Merchandisingboom bis heute an.

Das Märchen um das schöne Kind ist jedoch eine der dunkleren Erzählungen in den Märchensammlungen. Geht es doch, in den ursprünglichen Versionen, um Themen wie sexuelle Reifung, mörderische Rivalität, Hexenkunst, vergiftete Gegenstände, Blut, Schnee und Winter und sogar um rituellen Kannibalismus. Zusätzlich wurde mit der Figur der bösen Stiefmutter ein volkskundlich populärer Archetypus des weiblichen

Bösewichtes geschaffen. Auch die populären Requisiten der Erzählung weisen einen bekannte negative Gebrauch auf: Der Apfel, der Spiegel und die farblichen Begriffe rot, schwarz und weiß.

Äpfel wecken positive und negative Assoziationen, bei Schneewittchen können die Äpfel nicht nur auf den Tod hindeuten, sondern auch auf Zwietracht und Versuchung. Diese Konnotationen bezüglich des Apfels trifft man in der heutigen Gesellschaft des Öfteren an, vor allem in der Verbindung zwischen Versuchung, Unheil und Äpfel.

Spiegel unterliegen seit jeher mehreren Deutungen und Reflexionen. Während der Romantik, als die Brüder Grimm ihre Sammlung zusammentrugen, stand das reflektierende Glas für eine Doppeldeutigkeit, eine Ich-Spaltung und vor allem für das Eintreten in eine bekannte jedoch gleichzeitig fremdartige Realität.

Farben haben in verschiedenen Kulturen die unterschiedlichsten Bedeutungen. Rot steht meist auch für Blut, für Leben und für Vernichtung, für Magie und für Verbote und Gefahr. Im Märchen trifft man auf einen blutroten, magischen und tödlichen Apfel, der nicht tötet und trotz Warnung angenommen wird. Weiß steht für Wahrheit, Unschuld und Auferstehung. Eigenschaften die man bei Schneewittchen antrifft. Schwarz steht nicht nur für den Tod, sondern auch für den Schlaf, den kleinen Bruder des Todes. Die Farbe symbolisiert aber auch Vornehmheit und Individualität. (vgl. Demirkaya, 2010: o.S.; Elender, o.J.: o.S.; Schneidewind, 2006: S. 5)

„Spieglein, Spieglein an der Wand. Wer ist die Schönste im ganzen Land?"

„Mirror, mirror on the wall. Who's the fairiest of them all?"

Keine Märchenaussage ist populärer, fesselnder und bekannter als diese. Kein Wunder, dass vor allem die Film- und Fernsehindustrie, mit all seinen dazugehörigen Merchandising und Produktpaletten, sich für den berühmten Märchenstoff rund um Schneewittchen, der bösen Königin und dem sprechenden Spiegel immer wieder aufs Neue interessiert und Produktionen in allen möglichen Genres, Formaten und Umsetzungen unter die Öffentlichkeit streut.

Eine populäre und moderne Neuverfilmung von Schneewittchen trifft man momentan (März/April 2012) im Kino
an: „Spieglein, Spieglein". Diese Umsetzung ist vollge-
packt mit Ironie, Witz, Satire und populärkulturellen
Referenzen. Man findet einige Hinweise und Andeutungen
auf populäre Filme und Protagonisten
(Indiana Jones, Zorro, Ever After,
Audrey Hepburn...), natürlich auf
Disney selbst und auf die gegenwärtig beliebten Bollywoodfilme.
Zentriert dreht sich die Erzählung vor
allem um die Königin, portraitiert
von Julia Roberts (Welche durch
*Pretty Woman* Cinderella nicht nur
ein neues, modernes und äußerst

Abb. 62: Eine märchenhafte
Neuverfilmung:
Spieglein, Spieglein
Die wirklich wahre
Geschichte von
Schneewittchen
© Relativity Media

beliebtes Gesicht gab, sondern dadurch den Satz „Träume werden wahr" prägte.), und
ihrer Angst vor dem Älter werden und um ihren Verlust der Schönheit und Jugend. Der
Beautywahn, mit seinen diversen wunderlichen Anwendungsmöglichkeiten der heutigen Gesellschaft, wird wunderbar parodierend in Szene gesetzte. Die zweite Erzähl-
handlung dreht sich um das erwachende Selbstbewusstsein und Selbstvertrauen von
Schneewittchen. Sie lernt ihr Leben selbst in die Hand zu nehmen. Dies gelingt ihr mit
Hilfe der Zwerge, welche ein Robin-Hood-Dasein im Wald fristen, und der Tatsache,
dass sie in alte erprobte Grimm-Erzählweisen aktiv eingreift und so nun die Prinzessin
den Prinzen rettet. Der Regisseur schaffte es, meines Erachtens, gemäß Max Lüthi's
Märchenästhetik Farben und Formen zu Emotionen und Stimmungen umzuwandeln: So
sieht man die Königin in Gewändern aus neidvollen Gelb oder Blutrot und Schneewitt-
chen in einem Kleid aus Azurblau (welches nebenbei an Disney angelehnt ist). Das
Märchenhafte der Erzählung wird betont und geschickt ins rechte Bild gerückt, wie zum
Beispiel beim ersten Zauberauflösenden Kuss zwischen Prinz und Schneewittchen.
Ebenso begegnet man Wunder, Zauber und Magie und der Kraft der Liebe und der
Träume. Die wichtigsten Requisiten des Märchens, der Spiegel und der Apfel, haben

natürlich auch ihren großen Auftritt. Vor allem der Spiegel verdeutlicht die Auffassung der Romantik einer Ich-Spaltung und eines Eintretens in eine andere Realität. (vgl. Gray, 2012a: o.S.; Mispagel, 2012: o.S.)

Der Film „Spieglein, Spieglein" ist eine familienfreundliche, farbenfrohe und moderne Neufassung des Grimm-Klassikers. Der aufzuzeigen versucht, dass man alte Erzählungen neu einkleiden kann ohne dass diese ihre Magie verlieren, dass Prinzessinnen sich sehr wohl wehren können und nicht auf einen Prinzen warten müssen und dass der schlimmste Feind nicht das Alter und der Verlust der Schönheit ist sondern man selbst und der Spiegel den man sich selbst vorhält.

Disneys Schneewittchen war für die Populärkultur, vor allem in den USA, in Darstellung, Stil und Ausdruck prägend. Umso ursprünglicher, düsterer und dunkler, dennoch modern und populär, erscheint die zweite Neuerzählung, die man ebenfalls im Kino antrifft (Juni 2012): „Snow White and the Huntsman".

Abb. 63: Grimms Märchen werden wieder grimmig erzählt
© Universal Studios

Diese Produktion richtet sich gleich den alten Märchen an ein erwachseneres Publikum. Die anfangs erwähnten Konnotationen, wie Mord, Sexualität, Blut, Winter und Kannibalismus, sowie die Macht der Schönheit und Macht an sich werden hier drastisch, dynamisch und visuell umgesetzt. Populäre Elemente – man begegnet vertrauten Merkmalen aus Fantasy und Horror, Twilight, Robin Hood und Herr der Ringe – und Grimm'sche Märchenbasis werden vermischt und generieren eine moderne Neuinterpretation, die keinen Gedanken an die zuckersüße Version Disneys aufkommen lässt. (vgl. Gray, 2012b: o.S.; Schwickert, 2012: o.S.)

Das Märchen von Schneewittchen ist heutzutage im alltäglichen Erzählen und in populären Lesestoffen und populären Adaptionen äußerst präsent. Ob es sich nun um Neuerzählungen, Verfilmungen, politische oder erotische Erzählungen oder Werbung handelt. Schneewittchen ist beinahe allgegenwärtig.

"I spend £6000 on a new nose and a boob job, and you tell me that Snow White is still the fairest of them all!"

"Snow White is the fairest of them all. But you've got the biggest tits."

Abb. 64: Die Schönste im ganzen Land

Witze und Cartoons sind ein beliebtes Mittel der Gesellschaft den sprichwörtlichen Spiegel vor zuhalten.
In diesem Fall, wendete sich die neidische Königin (mit leichter Orientierung in der Kleidung an Disney) an die plastische Chirurgie.
Leider kommt sie damit auch nicht an die natürliche Schönheit Schneewittchens heran.
© KES

Abb. 65:Gelebte Populärkultur V

Märchen sind nicht nur ein
populäres Erzählmittel, sondern
auch ein Vermittlungs- und
Gestaltungsmedium der heutigen
Gesellschaft. Sie sind Kommuni-
kations- und Informationsträger.

Ein an Disney angelehnter
Cartoon zur Veranschaulichung
der Protestbewegung
Occupy 2011 in Amerika.
©kiplyall

Abb. 66: Schneewittchen als Statussymbol

Eine visuell sehr schön umgesetzte
Schneewittchen-Thematik in der
Werbung.
Bekleidung und Assecoires von
namhaften Designern und Marken
werden durch populäre Märchen in
ein Traumobjekt verwandelt.
Es entsteht der Anschein, dass man
sich Märchen kaufen kann.
© Louis Vuitton, Frankreich, 2002 & 2009

120

Abb. 67: Erotische Erzählungen

Märchen waren in ihrer frühesten Version
Erzählungen für Erwachsene mit meist
erotischen und sexuellen Inhalten.
Die Brüder Grimm haben Hinweise darauf
mit ihren Überarbeitungen getilgt und den
Märchen so den Stempel der Kinderliteratur
aufgedrückt.
Heutzutage sind erotische Märchen in allen
möglichen Formen äußerst populär.
Auffallend ist bei diesen Umsetzungen und
Neuerzählungen jedoch, dass man sich
häufig an den Requisiten und bekannten
Bildern der Disneyversionen orientiert.

Abb. 68: Märchen halten das Kind in
uns lebendig

Mit „Snow White and the
7 dwarfs on Broadway"
ermutigt uns die Werbung
das Kind in uns zu feiern
und ab und an auch raus zu
lassen.
© Kraft Foods, US, 2012

## 5.2. To the mass market! – Märchen in der Populärkultur

Märchen waren schon immer äußerst beliebt und populär. Die Gesellschaft nahm sie jedoch nicht immer gleich stark wahr, da sie vor allem als Kinderunterhaltung abgetan wurden. Zur Zeit sieht es so aus, als hätte das *alte* Publikum, die Erwachsenen, die Märchen wieder *neu* entdeckt. Durch neue fantastische Erzählungen, die den Leser, Zuhörer oder Zuseher in neue unbekannte magische Welten entführen (z. B.: Harry Potter oder Twilight), wurde scheinbar ein neues Bewusstsein für Märchen und das Märchenhafte geschaffen. Auf dem Massenmarkt tummeln sich derzeit Märchen in allen möglichen und unmöglichen Formen, für alle möglichen Anlässe und Verwendungszwecke, für Groß und für Klein erwerbbar.

### Ein neues Verhältnis zu Märchen

Im Moment trifft man Märchen vor allem auf den kleinen und großen Leinwänden an, und wenn man den Produktionsgerüchten glauben kann, erwarten die Kinoleinwände in den nächsten zwei Jahren noch ein Dutzend mehr Märchenadaptionen. Durch diese Neuinterpretationen und Serien wie *Grimm* und *Once upon a time* erhalten die alten Erzählungen neue Strukturen, Sichtweisen und eine neue Gestaltung, sie werden oft zeitgemäß angepasst und das berühmte ‚*happily ever after*' wird aus den Erzählungen gestrichen oder umgeschrieben. In einer Neuerzählung von Rotkäppchen, *Red Riding Hood*, wird auf den Twilight-Hype eingegangen und das bekannte unschuldige Mädchen, dass in dieser Verfilmung alles andere als unschuldig erscheint, hat mit dem bösen Wolf, der hier, zeitgemäß, ein Werwolf ist, mehr gemeinsam als ihr lieb ist.

Abb. 69: Zeitgemäße, moderne
Adaptionen am Massenmarkt
© abc; NBC; Warner Bros.

Durch Dekonstruktion und populäre Neuerzählungen hat sich das Verhältnis zwischen Märchen und Gesellschaft verändert. Wie in den obenstehenden Kapiteln ersichtlich, hat sich vor allem die Werbeindustrie um eine neue Sichtweise auf Märchen und ein Neuerzählen dieser bemüht. Natürlich steht diesem neuen Umgang mit Märchen der Literatursektor in nichts hinten nach. Auch hier finden sich Märchen in veränderter Erzählform für Jung und Alt wieder. Sogar das alltägliche Leben profitiert vom Informationsträger Märchen, denn das „alte Wissen", dass durch sie weitergegeben wurde findet sich unter anderem neu formuliert und passend gewählt, in diversen Lebenshilferatgebern wieder. Populärkultur verfrachtet Märchen und dessen Inhalte in den Alltag

und macht sie zum Alltagsgegenstand. Dadurch kann man heutzutage sich nicht nur als märchenhafte Köchin betätigen, sondern allein durch den Erwerb von Taschen, Märchen gegenwärtig leben.

Abb. 70: Gelebte Populärkultur VI
Märchenhafte Gerichte für den Alltag

Abb. 71: Mode-Märchen
Zu jedem Märchen, für jede Persönlichkeit und für jede Situation die passende Tasche.

Nebenbei wird auch das Märchen von Rotkäppchen neu erzählt. Dieses ist nämlich, dank der geräumigen Tasche, in der Lage sich gegen den Wolf zu verteidigen.
©Miche, Europe, 2011

123

Abb. 72: Populärer Lifestyle & Statussymbol

Durch die Populärkultur werden Märchenträume am Konsummarkt wahr: Man kann sich Märchen kaufen.

Rechtzeitig zur Blue-ray Neuerscheinung des Disney-Klassikers „Cinderella" als Diamant-Edition im Oktober 2012 hat der französische Schuhdesigner Christian Louboutin in Kooperation mit Disney den berühmten Glaspantoffel neu interpretiert und kreiert.
Ein märchenhafter Designerschuh, der den populären Umgang mit Märchen in der heutigen modernen Gesellschaft versinnbildlicht: Märchen sind, trotz ihrer massenhaften Erscheinung, ein Kult- und Statussymbol des modernen Lebens.
©Disney & Christian Louboutin, 2012

Auch der populäre Musiksektor liefert Märchen und Märchenneuerzählungen in Massen. Darüberhinaus ergeben sich durch die Musik neue Perspektiven auf alte Erzählweisen und die Musikindustrie integriert so Märchen in das Alltagsbewusstsein des Massenpublikums. Märchen werden gerne als optische Botschaften und Aussagen, aber auch als reine Untermalung, in den Musikvideos und den Liedtexten benützt. So zum Beispiel von der Alternative-Rock-Band *Evanescence* in ihrem Video zu ihrem Lied „Call me when you're sober". Thematisch und optisch wird hier Rotkäppchen umgesetzt. Die Sängerin Amy Lee posiert als rockiges und unabhängiges Rotkäppchen mit Wölfen.

Abb. 73: Märchen als populäres Stilmittel in Musikvideos
© Wind-up Records, 2006

Die Sängerin Eva K. Anderson geht, meiner Meinung nach, in ihrem Lied „Run for Princess" auf die Thematik des Schicksals und der Selbstbestimmung des Lebens in der gegenwärtigen Populärkultur ein und wie jeder für sich eine Prinzessin oder ein Prinz sein kann.

> „[...] And I decided – It's up to me
> That I'm in charge – Of who I wanna be
> I can run for princess – Promote myself to queen
> Be a beauty or a beast – I'm the writer of my scenes
> I can run for princess – Or live on water and on bread
> I'm creating what I'm thinking – I'm the master of my fate
> [...]
> Mirror, mirror on the wall – Now it's time you have to fall
> Your system is of ancient times – My destiny lies all
> inside [...]"
> (Musik & Text: Eva K. Anderson/Harald Hanisch, 2010)

Abb. 74: Eva K. Anderson
© Enaia Entertainment, 2010

Viele der gegenwärtigen Sichtweisen und Einstellungen innerhalb der populären Gesellschaft haben ihre Grundlagen in alten Erzählungen und Märchen. Doch auch diese lassen sich durch populäre Produktionen neu interpretieren und neu betrachten.

125

Abb. 75: Shrek
Ein populärkulturelles Märchen
für Jung und Alt
© Dreamworks, 2012

So werden in der, mittlerweile vierteiligen, Filmproduktion *Shrek* auf altbekannte Märchenkonventionen, auf eingeprägte Märchenbilder von Disney und auf Formen und Formate gegenwärtiger Populärkultur eingegangen. Bekannte Bilder und Strukturen werden demontiert, neu geordnet, parodiert und ironisiert. Vor allem die vielen kleinen und großen Erscheinungsformen und Verweise auf gegenwärtige und vergangene Werke und Formen der Populärkultur, die Selbstreferenzialität und die Intertextualität innerhalb des Films bereiten vor allem dem erwachsenen Publikum Vergnügen, Überraschung und neue Perspektiven auf die ihnen bekannten Märchen und die Märchenwelt an sich. *Shrek* ist eine klassische Märchenerzählung, welche gleichzeitig die Gegenwartskultur mit dem Märchenhaften verbindet. Medienwissenschaftlich höchst interessant ist der parodistische Umgang mit den bekannten Disneyverfilmungen, den bekannten Disneybildern und dem Disney-Imperium. So weiß, zum Beispiel, Prinzessin Fiona, wie sich Prinzessinnen in einer Rettungssituation zu verhalten haben (hinlegen und warten) und das Reich DuLoc (Shrek, erster Film) weißt starke Ähnlichkeit mit dem Aufbau der Disneythemenparks auf. Auch ein Gesangswettstreit zwischen Fiona und einem Vogel endet, anders als bei einer Disneyversion, mit dem Tod des Vogels und dem Braten von dessen Eiern. Populärkulturell von Interesse, wird in *Shrek 2* Hollywood und die Reichen und Schönen L.A.s parodiert. Die bekannten Märchenfiguren, Schneewittchen, Aschenputtel und Dornröschen, treten als Diven des Reiches auf und Hollywoods Schönheitswahn und das Entertainment TV Amerikas wird ebenfalls ironisch betrachtet.

In *Shrek 3* wird das amerikanische Schulwesen parodiert und die bekannte und populäre Artussage erhält eine neue Sichtweise.

*Shrek* verweist auf zahlreiche verschiedene Filmgenres und populäre Filme an sich, dazu kommt noch die Integration von bekannter Musik und populärer Rocksongs. Durch diese Vermischungen und Anspielungen wurde nicht nur ein märcheninteressiertes Publikum und Kinder angesprochen, sondern auch Zielgruppen allen Alters und aller gesellschaftlichen Schichten. Ähnlich wie bei Eva K. Andersons Lied „Run for Princess", wird auch bei „Shrek" für die Selbstbestimmung über das Schicksal und das eigene Leben plädiert. Denn, anders als in den Märchen, ist ein „Jeder [ist] seines Glückes Schmied" und für sein Leben und seine Handlungen verantwortlich. (vgl. Frizzoni, 2008: S. 187 – 202)

Die alten Märchen werden in die Gesellschaft *re*integriert und von den TV-Sendern, den Filmproduktionen und der Massenindustrie in Szene gesetzt. The Daily Life, Suspense, Action, Sex und Adventure stehen nun im Mittelpunkt der neuen alten Geschichten. Die bekannten Erzählungen werden von Zeit zu Zeit, von Medienwechsel zu Medienwechsel, immer wieder neu erfunden und neu erzählt, um zu neuer Popularität zu gelangen. Märchen sind unendliche Geschichten mit unendlichen Motiven, die sich entgegen mancher Meinung, dem Zeitgeist anpassen und gegenwärtige Themen präsentieren können. Sie machen *ever after* realisierbar.

Filme, Bücher, Musik und Werbung zeigen auf, das Märchen und dessen Motive ihren Platz in der Populärkultur, in den Medien und der Kommunikation gefunden haben. Umgekehrte nehmen Märchen die gegenwärtige Populärkultur in sich auf, verwenden sie und erscheinen in populären Neuerzählungen.

Darf man deshalb sogenannte Klassiker für Neuproduktionen aufbrechen und neu arrangieren, so dass man unkonventionelle populäre Erzählungen erhält?

Märchensammler, allen voran die Brüder Grimm, haben Märchen bereits geglättet, stilisiert, formelhaft gestaltet, umgeschrieben und romantisiert. Durch sie und durch die Möglichkeit der massenhaften Produktion von Text und später durch die Verbreitung von Märchengegenständen für Kinder und Erwachsene hat sich das Märchen als Kulturgut am Massenmarkt verfestigt und verändert.

Durch die laufenden Abänderungen am Erzählgut kehren Märchen in ihrer populären Adaption, zu ihren ursprünglichen dunkleren Erzählwurzeln zurück. Das kollektive Gedächtnis der Masse scheint sich daran zu erinnert, dass Märchen einst als Erwachsenenunterhaltung ihre Reise begannen. Durch die Änderungen der bekannten Erzählweisen verankern sich die Märchen in der Populärkultur und geben den Konsumenten die Möglichkeit Märchenhaftes beinahe unbemerkt in den Alltag zu integrieren und sich dadurch einen Rückzugsort mit identitätsstiftender Wirkung zu schaffen. Darüber hinaus bereitet es dem Publikum Vergnügen und stillt den Hunger der Ohren und Augen zu beobachten, wie Märchen sich in stets neue farbenfrohe Gewänder hüllen und so originelle Ausdrucksweisen, populäre Perspektiven und ungewöhnliche Sinngebungen entstehen.

Es ist nicht übersehbar: Märchen stehen hoch im Kurs. Kann dies daran liegen, dass das Publikum heutzutage in einer unüberschaubaren Welt, einen Rückzugsort braucht, an dem es noch zwischen Gut und Böse, zwischen Weiß und Schwarz, unterscheiden kann? (vgl. Battersby, 2012: o.S.; Braun, 2012: o.S.; Frizzoni, 2008: S. 202; Isringhaus, 2012: o.S.; Seibert, 2007: S. 9; Shojaei Kawan, 2008: S. 159)


### 5.2.1. Populäre Massenware als Ausstellungobjekt

Märchen, überwiegend die Grimm'schen Märchen, werden in der heutigen Spaß- und Erlebnisgesellschaft durch die Volks-, Massen- und Populärkultur konkretisiert, verbildlicht, veräußert und vergegenständlicht. Heutzutage geht es bei dem Thema Märchen „[...] vor allem um Märchen im Zeichen des Massengeschmacks und Massenkonsums, der massenhaften Rezeption und Reproduktion. [...] denn der aktuelle Märchenboom steht zweifellos stark im Zeichen von Kommerzialisierung und Eventisierung." (Zimmermann, 2008: S. 8)

Vom Dezember 2008 bis Februar 2009 wurde erstmals in der Ausstellung „Grimms*krams* & Märchen*dising*" auf die Thematik des heutigen Märchenbooms und der Märchenkommerzialisierung zentriert eingegangen. Die Ausstellung wurde von Prof. Dr. Harm-Peer Zimmermann und M.A. Julia Franke konzipiert und im Rahmen des Seminars „Die Popularität der Brüder Grimm und ihrer Kinder- und Hausmärchen" an der Philipps-Universität Marburg umgesetzt. Unter anderem war die Ausstellung vom 27. November 2011 bis zum 26. Februar 2012 im Volkskunde Museum der Stiftung Schleswig-Holsteinische Landesmuseen Schloss Gottorf, Schleswig, installiert.

Abb. 76: Einladung zur Ausstellung im
Volkskunde Museum vom
27.11.2011 – 26.02.2012

Die Abb. 76 - Abb. 87 wurden vom Volkskunde Museum der Stiftung Schleswig-Holsteinische Landesmuseen Schloss Gottorf, Schleswig, zur Verfügung gestellt.

## Grimmige Massenware

Im Wortspiel des Ausstellungstitels „Grimms*krams* & Märchen*dising*", soll sich die Konzentrierung auf den Märchenkommerz bereits niederschlagen.

‚Grimms*krams*' kommt von *Krimskram* – massenhaft Kleinkram, welcher Ausdruck der populären Ästhetik und der heutigen Populärkultur ist. Ein breites Publikum freut sich an massenhaft produzierten Märchendingen, angefangen beim Gartenzwerg hinzu Bilderbögen, Handpuppen, Spielzeug oder auch Bastelbögen. Nicht zu vergessen die populäre Alltagssprache mit ihrem Märchenursprung: „[...] wie ein Aschenputtel." oder „[...] in Saus und Braus leben", „Dornröschenschlaf" und noch viele mehr.

‚Märchen*dising*' vereinnahmt das englische *merchandise, merchandising* – die Handelsware Märchen und dessen Vermarktung in der heutigen Gesellschaft. Hier treten die

Kommerzialisierung und die Präsentation im öffentlichen Raum in den Vordergrund: Lebensmittelindustrie, Konsumgüter, Tourismusmanagement, Events, Filme und die Vermarktung der etwas anderen Art, wie Märchenerotik, Feenfetisch und märchenhafte Pornoaccesoires.

Der Besucher der Ausstellung traf auf billige und aktuelle Phänomene der Gegenwartskultur und auf den eigenen gewissermaßen „grimmigen Massengeschmack" (Zimmermann, 2008: S. 8). Nichts von diesen Märchenprodukten und -objekten, ist für die Ewigkeit bestimmt. „Sie sind gemacht für den Augenblick, für den Moment des Genusses und Vergnügens." (Zimmermann, 2008: S. 12) Die Einfachheit, Gegenwärtigkeit und Leichtigkeit der Dinge, sowie die Flüchtigkeit und Wandelbarkeit der Massen- und Populärkultur bietet die Grundlage zur Wunscherfüllung des sinnlichen Erlebens der überlieferten Märchenwelten.

(vgl. Zimmermann, 2008: S. 7 – 25)


## 5.2.2. Das Museum als Medium

Märchen konstruieren ein Bild der Welt und von Gesellschaften. Ebenso konstruiert sich das Medium Museum mit seinen Themen jedes Mal aufs Neue. Durch die Vermittlungsform der Ausstellung werden bekannte Bilder aufgegriffen, analytisch kritisiert und genauso wieder reproduziert. Wie die Märchen sind Ausstellungen Räume, in denen Kulturen und Gesellschaften sich entwerfen und auftreten. Die Ausstellung „Grimms*krams* & Märchen*dising*" ging spielerisch an die Demonstration der Rezeption von Grimm' Märchen heran und dokumentiert, dass dieses Werk in der heutigen Kultur allgegenwärtig ist. In der Ausstellung wird die „Gegenwart vergegenwärtigt" (Franke, 2008: S. 28) und gleichzeitig wird aufgezeigt, dass Märchen eine „universelle Wandelbarkeit" (Franke, 2008: S. 29) besitzen, mit dieser sie im Laufe der Jahrzehnte in verschiedenen Gesellschaftsformen gegenwärtig waren. „Ziel dieser Ausstellung ist es [...] neue Interpretationen und Ansätze zur Rezeption, zu Identität und Popularität der Brüder Grimm zu vermitteln." (Franke, 2008: S. 29) Das Medium Museum bietet den Raum und die Möglichkeit zur Selbstbeobachtung der eigenen Gesellschaft: „Sie möchte den Blick schärfen für die eigene Gegenwart [...]." (Franke, 2008: S. 30) (vgl. Franke, 2008: S. 26 – 30)

**Die Ausstellung**

Die Besucher der Ausstellung 2008/2009 hatten die Möglichkeit, sich an drei in sich abgeschlossene Ausstellungsräume am Marburger Markplatz mit der Märchenthematik zu beschäftigen. Jeder Handlungsort hatte seinen eigenen inhaltlichen Zugang mit unterschiedli-

Abb. 77: Ein Märchen*wald*
im Gesellschaftsbild

chen Modulpräsentationen. Den roten Faden und wiederkehrende Motive der Ausstellungsgestaltung bildeten der Wald und die Dornenhecke. Sie stehen „[...] als Ort und Spiegel von Sehnsüchten und Ängsten [und] bestimmen das Ausstellungsdesign." (Franke, 2008: S. 31) Gleichzeitig greifen die Module die verschiedensten Märchensymbole und –metaphern auf und verhelfen den Besucher zu einer umfassenden perspektivischen Festigung der Ausstellungsthemen.
(vgl. Franke, 2008: S. 30 – 36)

**Populärkultur Grimm – die Präsentationsmodule**

*Märchenhafte Produktkultur* – Man betrat die Ausstellung im Unteren Rathaussaal durch einen Wald, der die dingliche Vervielfältigung der Märchen darstellte. Von märchenhaften Produkten zu materiellem Kulturgut für Groß und Klein, von Barbie-puppen bis Traumhochzeit, begegnet man hier den dinglichen Produkten der Märchenfiguren und Märchensymbole. Hierzu zählen auch Märchenmotive im Dienste der Werbung, vom Rotkäppchensekt hinzu Schuhwerbung und Lebensmitteln. Eine Installation sollte zeigen, dass die Werbeindustrie Märchen als populäre Massenware zur Konsumentenerreichbarkeit, Bedürfniserweckung und Verkaufsförderung verwendet.

Abb. 78: Konsummassenware Märchen

Abb. 79: Märchen als Werbeträger

Abb. 80: Spiel & Spaß im Märchenland

Abb. 81: Die Brüder Grimm als Geld- und Einnahmequelle

*Tourismusmarketing* – Märchenmotive dienen auch den Image und Werbezwecken von hessischen Regionalmarketingagenturen. Die örtlich nicht festgelegten Märchen der Brüder Grimm erfahren durch die Vermarktung der Deutschen Märchenstraße, durch Merchandising, Märchenparks und Märchentagen eine Verortung, die Märchen erhalten einen ‚realen' Ortsbezug.

*Sprache und Erzählen* – Hier werden die Manifestationen von Märchen in das alltägliche Leben aufgezeigt. Sprache, Symbolik, Redewendungen und Metaphern finden sich in der heutigen Alltagssprache äußerst häufig, zum Beispiel ‚Dornröschenschlaf' oder

‚zwei Fliegen mit einer Klappe schlagen'. Gleichzeitig wird offensichtlich, das bestimmte Märchen im Alltag und über Jahre hin populärer sind und dadurch eher erinnert, erzählt und verwendet werden. Das Erzählen eines Märchens, die orale Tradition und Weitergabe durch mehrere Personen wurde durch eine Filminstallation nähergebracht.

Abb. 82: Erzählen als Kommunikation

Abb. 83: Psychologie als Verständnishilfe
zum Wesen der Märchen

*Psychologie* – Der Besucher hatte die Möglichkeit sich im Rathaussaal mit den verschiedenen psychoanalytischen Ansichten der Märchenstoffe zu beschäftigen. Märchentexte und Auszüge wurden den Werken von Sigmund Freud, C.G. Jung, Erich Fromm und Bruno Bettelheim so gegenübergestellt, dass man einen Einblick in Interpretations- und Deutungsweisen sowie in die psychologische Märchendeutung erlangen konnte.

Abb. 84: Beliebtestes Erotikmärchen:
Schneewittchen

*Pornografie und Märchenfetisch* – Im Haus der Romantik werden Motive, die sich auch im Rathausaal befanden, wieder aufgegriffen und in einer neuen Perspektive präsentiert. Das Modul sollte aufzeigen, das bestimmte Märchensymbole und Märchenmotive sexuelle Erscheinungen und Nachwirkungen erkennen lassen und dahinge-

hend auch ausgelegt und gedeutet werden. „Dieses Ausstellungmodul gewährt spielerische und assoziative Einblicke in die märchenhafte Fetischszene und ihre unterschiedlichen Performanzen." (Franke, 2008: S. 34)

Abb. 85: Märchen im Spiegel der Gesellschaft

*Märchenillustrationen* – Dieser beträchtlich große Bereich der Märchenverarbeitung erfreut sich auch heute noch großer Popularität und Beliebtheit. Das Modul präsentierte fünf KünstlerInnen aus verschiedenen kulturellen und künstlerischen Epochen. Das gleiche Märchen wird in verschiedenen Illustrationen und künstlerischen Ansätzen dem Besucher zum eigenständigen Vergleich nähergebracht.

*Märchenverfilmungen* – Sie zählen zum Repertoire der Märchenerzählungen und nehmen heutzutage den populärsten Teil der Erzählkultur ein. Eine Filminstallation zeigt ein und dasselbe Märchen in einen Zusammenschnitt von mehreren unterschiedlichen Verfilmungen.

*Märchenarchäologie* – Hier wird theoretische Geschichte aufgezeigt: Durch vermeintliche Fundstücke

Abb. 86: Belegbare Geschichte im Märchen?

aus dem Hexenhaus von ‚Hänsel und Gretel' „[...] greift dieses Modul die Sehnsucht der Menschen auf, die Grimm'schen Märchen zu verorten, sie [...] mit vermeintlich realen Orten in Verbindung zu bringe." (Franke, 2008: S. 35)

*Grimm-Street-Art* − Ausgehend von den Märchenillustrationen führt dieses Modul hinaus in den Marburger Stadtraum. „Es verarbeitet die märchenhaften Stoffe und ihre Ikonografie und entwickelt sie weiter. An zehn unterschiedlichen Orten werden so genannte *Stencils* [...] angebracht, die sich inhaltlich mit der Popularität der Brüder Grimm auseinandersetzen." (Franke, 2008: S. 35)

Abb. 87: Märchen in Wort, Bild und Emotion

*Grimm-Boxes* − Für diese Installation wurden Menschen in Hessen vor die Frage gestellt: „Was assoziieren Sie mit den Brüdern Grimm?" Ihre Antworten konnten sie in einer Kartonbox vergegenständlichen. „Sie verdinglichen einen kollektiven Erfahrungsschatz, eine kollektive Erinnerungslandschaft." (Franke, 2008: S. 35) Damit konnte das Publikum an der Ausstellungsgestaltung mitwirken und die Popularität der Brüder Grimm individuell umsetzen und Erfahrungen integrieren. (vgl. Franke, 2008: S. 31 − 37)

> „Ziel war es, ein Bild darüber zu erstellen, welche Bilder über die Brüder Grimm im Jahr 2008 existieren. [...] Die Boxes verdeutlichen, dass kulturelles Erbe immer auch Ansichtssache ist. [...] Die Ausstellung wird so also auch zu einem sozialen Ort, zum Ort der Kommunikation, des Austauschs und der Verhandlung von persönlichen wie kollektiven Bedeutungen und Erfahrungen." (Franke, 2008: S. 36)

Die Module der Ausstellung sollten dem Besucher nicht nur die Popularität der Grimm'schen Märchen vor Augen führen, sondern auch wie Populärkultur und Gesellschaft das Märchen als Massenprodukt vereinnahmen. Das Märchen an sich, nicht wie bisher der Inhalt, wird als Vermittlungs-und Kommunikationsmedium innerhalb des Mediums Museum verwendet. Die Ausstellung wollte die Wandelbarkeit und Vielseitigkeit der Märchen in der Gegenwart darstellen.

Wie viele märchenhafte Produkte besitzen Sie? Durchforsten Sie Ihr Heim!
Sie werden sich wundern, welche populären Märchenmassen und Grimms*krams* Sie
finden werden.

Abb. 88: Private Ansammlungen

# 6. Und wenn sie nicht gestorben sind ...

Viele Medienformate und das alltägliche Leben selbst greifen in vielen großen und kleinen Referenzen auf die Märchen zurück. Kaum eine Fernsehsendung, ein Film, eine Werbung oder ein Buch, indem man nicht irgendwo eine Erwähnung bekannter Märchen und dessen Motive findet. Märchen sind im kulturellen Wissen der Gesellschaften verankert. Voraussetzung dafür ist unter anderem die Verwendung verschiedenster Kommunikationsmedien über Raum und Zeit. Mündliche Weitergabe und das Erinnern selbst ist nicht von Dauer und äußerst flexibel, aber ein Märchen in Buchform bietet der Erzählung und der Erinnerung Halt und einen größeren Verbreitungsraum. Zugleich, liefert die Verwendung von Märchen in weiteren Medien neue Wahrnehmungen und Rezeptionen der bekannten Stoffe und erweitert so das kulturelle und populäre Kapital der Erzählungen. Die Medialität der Märchen, die Verwendung von Märchen in der Politik (Märchen als nationales Gut) und Märchen als Erziehungsmittel sind die Grundpfeiler der Verankerung und der Rezeption von Märchen, deren Inhalte, Motive und Charaktere im kulturellen Gedächtnis und in der Populärkultur.

> „Die Märchen als Bestandteile der große Erzählungen der Menschheit bedürfen des fortgesetzten Medientransfers und damit der Reflexion der sich verändernden [...] Kommunikationssituationen und Kommunikationsweisen [...]"
> (Seibert, 2007: S. 10).

Durch die Popularisierung der Märchen wurden und konnten moralische Prinzipien, Werte, gesellschaftliche Normen, Weltanschauungen und Strukturen sowie Handlungsweisen und kulturelle Praktiken an eine breite Öffentlichkeit weitergegeben werden. Märchen sind jedoch keine Texte, die in ihrer Form absolut fixiert sind. Auf diese Weise bieten sie den Medien die Möglichkeit die Märchen anzupassen, zu verändern und neu zu interpretieren. Dadurch konnte jeder Medienwechsel, jede Veränderung des Textes (selbst die Eingriffe der Brüder Grimm zählen dazu) das Märchen verändern und neue Erzählungen schaffen. Ob die Weitergabe und die Erfahrungsmöglichkeiten der Märchen, nun durch Oralität, Literalität oder Intermedialität geschieht, die populären Medien liefern, in all ihren Formen und Adaptionen, in der heutigen Gesellschaft meist den ersten Zugang zu Märchen und somit zu dessen Verständnis und Sichtweise auf die

Welt. Die Kommunikation hat sich mit den Märchen und den Medien verändert, es wurden neue Kanäle und Formen des Erzählens geschaffen. Das Märchen behielt seine alte Funktion als Informations- und Kommunikationsträger, diese ist unter anderem in der heutigen Werbung und im alltäglichen Leben immer noch ersichtlich. Zusätzlich wurde das Märchen zu einem Vermittlungs- und Gestaltungsinstrument der populären Medien und deren populären Inhalten.

Märchen wurden zu Wissensvermittler und Unterhaltungsobjekten. Der Markt nutzt das Märchen als kostenlose Ressource für Medien und Kommunikation. Das kollektive Märchenwissen konnte und wird als populäres Massengut und Konsumprodukt genutzt. (vgl. Bendix, 2008: S. 234 – 247; EM 10, 2002: Sp. 1199; Seibert, 2007: S. 9f.)

Abb. 89: Wissensvermittler und Unterhaltungsobjekt Märchen
Kommunikation und Medien: erhalten das Märchen, deren Protagonisten und das Träumen am Leben. Märchen treten wieder verstärkt als Kommunikations- und Informationsträger auf.

When a child doesn't read, imagination disappears.
In dieser Awarenesskampagne soll auf die Lese- und Schreibfähigkeit von Kindern und Erwachsenen aufmerksam gemacht werden.
©Literacy Foundation, Bleublancrouge, Canada, 2008

In der heutigen Erlebnisgesellschaft, wird das Märchen als Konsumprodukt und Massenware in allen möglichen Formen vermarktet. Das Märchen erscheint in vielen neuen Gewändern und nicht immer sind wir mit den neuen Kleidern einverstanden. Nichts scheint mehr auf ihre ursprüngliche kommunikative und soziale Gesellschaftsfunktion hinzudeuten. Doch genau hier liegt der Denkfehler: Durch die neuen Adaptionen und Produktionen am Markt bleibt das Märchen ein Kommunikationsobjekt und Sozialisationsinstrument. Die verschiedenen Umsetzungen lassen unterschiedliche Perspektiven, neue Denkanstöße und neue Sichtweisen entstehen und es können traditionelle Ansichten und Weltanschauungen weitergegeben werden.

Egal welche Medien und welche Kommunikationskanäle in Zukunft populär sein werden – das Märchen wird sich ihnen anpassen, es wird sich verändern und umformen lassen. Es wird populär bleiben. Es wird Diskursobjekt, Kommunikationsträger und Wissensvermittler bleiben. Das Märchen wird in neuer Gestalt erscheinen, es wird zu einem Wegwerfprodukt, dass durch sich selbst ersetzbar wird und dennoch wird es seinen Kern und seine Wahrheit nie verlieren.


Auf einer Dorfstraße trafen sich eines Tages die Wahrheit und das Märchen.
Das Märchen bunt gekleidet und fröhlich, die Wahrheit abgehärmt und im grauen Gewand.
Die Wahrheit klagte, ach, niemand wolle sie einlassen.
Das Märchen erwiderte, weil es sich so farbig und heiter gebe, lasse es jedermann gern zur Tür
herein, und es brauche nicht zu darben.
‚Mach es wie ich', riet das Märchen der Wahrheit – und so
erscheint die Wahrheit nun im Märchengewand.
Aus der jüdischen Tradition
(Feldmann, 2009: S. 11)

# Anhang

## Populärkultur

In der Populärkultur vermischen sich Volkskultur, Massenkultur und Subkultur. Dadurch erscheint Populärkultur als allgegenwärtig und mächtig.

Das Verständnis von Populärkultur ist weitgefasst und auf die jeweiligen Disziplinen, in denen sie verwendet wird, abgestimmt:

a)Populärkultur wurde als Gegensatz zur Hochkultur definiert. b)Zu dem wird Populärkultur mit Massenkultur gleichgesetzt und als Volkskultur und/oder Kultur der Leute erklärt. c)Gleichzeitig wird sie als ein Kulturraum außerhalb der Massenkultur angesehen.

Im 19. Jahrhundert wurden die Begriffe „populär" und „volkstümlich" oft im gleichen Sinne verwendet. Obwohl das Volkstümliche das Gegenteil von Popularität repräsentierte, da das Populäre der Kommerz- und Massenkultur und das Volkstümliche der Religion und den Sitten des Volkes zugeordnet wird.

Die Populärkultur wirkt progressiv auf das Verstehen des Menschen ein, wie sie sich selbst verstehen, ihr Leben und der Welt einen Sinn und Bedeutung geben. Die jeweiligen signifikanten Bedeutungen der populären Produkte, werden durch die Zirkulation und Weitergabe der Populärkultur geschaffen, nicht durch die Produkte an sich. Die Populärkultur ist ein Ort des Vergnügens, des Spaßes, des Konsums, der Leidenschaft, des Genusses und von Emotionen. Populärkultur ist Bestandteil von Unterhaltung, Kommunikation und Alltag, von sozialen und politischen Zusammenhängen und von Medien. Man sieht in der Populärkultur einen kulturellen (Alltags-)Raum, der Gesellschaftsgruppen und Thematiken Darstellungs- und Ausdrucksmöglichkeiten bietet. Die Populärkultur ist, wie das Märchen, ein Rückzugsort.

Vor allem jedoch ist Populärkultur eine Frage des Geschmacks, denn „Was etwas populär macht, ist seine Popularität." (Grossberg, 1999: S. 224). Geschmack und (Populär-)Kultur haben etwas gemeinsam: sie sind kein starres Gebilde und keine statische Anhäufung von Gegenständen. Definitionen, Kultur, Geschmack und Populäres verändert sich stets, unaufhörlich und fortlaufend. (vgl. EM 10, 2002: Sp. 1198 – 1204; Fiske/Lutter/Reisenleitner, 2003: S. 14 – 24; Grossberg, 1999: S. 215 – 236; Nünning, 2005: S. 176f.)


**Ad Kapitel 2. Erzählen als Kommunikation**

*Ein Märchen wird zur populären Alltagserzählung*

Eine ‚Märchen-Berichterstattung' zeigt auf, wie Märchen in das alltägliche Leben eingebunden und in den Medien adaptiert werden und somit zu neuer Popularität gelangen können:

## Ein Zwischenfall auf der Tauffeier

*Ein Bericht aus der königlichen Hauptstadt von unserem Korrespondenten Paul Maar*

Ein ungewöhnlicher Vorfall ereignet sich, wie erst jetzt bekannt wurde, am Freitag vergangener Woche bei der Tauffeier der jungen Thronfolgerin, Prinzessin Rose.

Trotz umfangreicher Sicherheitsmaßnahmen war es einer etwa hundertjährigen Frau offensichtlich gelungen, unbemerkt in das königliche Schloss einzudringen und bis zum Thronsaal vorzustoßen.

Zum Entsetzen der Königsfamilie und der geladenen Gäste verwünschte sie dort die neugeborene Prinzessin, ehe sie von Sicherheitskräften überwältigt und aus dem Saal entfernt werden konnte. Polizeilichen Berichten zufolge soll es sich bei der Täterin um eine der „Weisen Frauen" handeln.

Über den genauen Wortlaut der Verwünschungen liegen widersprüchliche Meldungen vor. Während *dpa* berichtet, die Weise Frau habe gewünscht, das Kind möge tot *hin*fallen, sprechen Augenzeugen von einem Wunsch, demzufolge die Prinzessin tot *um*fallen solle. Auch über den Zeitpunkt dieses Ereignisses herrscht Unklarheit. War man sich am Wochenende einig, die Frau habe gewünscht, das Kind möge mit 15 Jahren sterben, so sorgte am Montag die BILD-Zeitung für beträchtliches Aufsehen, da sie unter der Überschrift „Todesfrist für Prinzessin Rose" berichtete, die Prinzessin würde voraussichtlich in fünfzehn Monaten sterben.

Noch rätselt man über die Motive der Täterin. Während der SPIE-
GEL von einer „eindeutig politisch motivierten Aktion" spricht und
Vermutungen anstellt, welche Kreise hinter der Frau stünden, geht
der RHEINISCHE MERKUR davon aus, dass es sich hierbei im rein
private Beweggründe gehandelt habe.
Fest steht, dass die Täterin als einzige der Weisen Frauen nicht zu
der Feier geladen war. Aus dem Königshaus war dazu zu erfahren,
dass man in Anbetracht des hohen Alters und der angegriffenen Gesundheit der Weisen Frau schweren Herzens auf eine Einladung verzichtet hatte, um sie zu schonen.
Möglicherweise werden die schriftlichen Aufzeichnungen der Täterin darüber mehr Klarheit bringen. Der STERN hat bereits angekün-
digt, mit der Veröffentlichung der Tagebücher am kommenden Don-
nerstag zu beginnen.
Die Sprecherin der Gewerkschaft Magie und Zauberwesen, Frau
Annemarie Holle, erklärte in einer ersten Stellungnahme, die Weisen
Frauen würden sich tief betroffen von dieser verabscheuungswürdi-
gen Tat distanzieren. Man werde versuchen, das angekündigte Unheil so weit wie irgend möglich abzuwenden. Dies, sagt Frau Holle,
sei jedoch schwierig in Anbetracht der Tatsache, dass der größte Teil
der Weisen Frauen ihr vierteljähriges Kontingent an Wünschen und
Wundergaben bereits aufgebraucht habe.
Nach letzten Meldungen versucht man fieberhaft, die Wirkung des
fatalen Wunsches zu mildern und den vorausgesagten Tod der Prinzessin in einen mehrjährigen Schlaf um zu wünschen. Es bestehe
hierbei allerdings die Gefahr, dass damit Personen aus ihrer unmit-
telbaren Umgebung ebenfalls in den Schlaf fallen könnten.
Der Regierungssprecher spielte den Vorfall herunter uns sprach von
einem „unangebrachten Scherz einer verwirrten alten Frau", der von
den Medien ungebührlich hochgespielt werde.
Auch der Minister des Inneren sprach von ungerechtfertigter Aufre-
gung und gezielter Panikmache linker Kreise. Gleichzeitig ordnete er
aber an, dass alle Spindeln im Lande unverzüglich bei der nächsten
Polizeidienststelle abzugeben seien. Ob dies in irgendeinem Zusammenhang mit der Verwünschung steht, ist nicht bekannt.
Wie ernst indessen in weiten Kreisen der Bevölkerung auf die Aktivitäten der Weisen Frauen reagiert wird, geht aus der Tatsache hervor, dass die Nachfrage nach Matratzen, Kissen und Zudecken
sprunghaft angestiegen ist.
Insbesondere die Bediensteten des Hofes würden den Bettengeschäf-
ten zu einem deutlich erhöhten Umsatz verhelfen, berichtet das
HANDELSBLATT.
(Quelle: Maar, 2011: S. 12 – 13)

145

## ad Kapitel 3. Was das Märchen zum Märchen macht

*Max Lüthis Ästhetik- und Stilanalyse am Beispiel:*

KHM 11 Brüderchen und Schwesterchen (Brüder Grimm, 2008: S. 79 – 86)

Brüderchen nahm sein Schwesterchen an der Hand und Sprach „Seit die Mutter tot ist, *Isolation: Die Geschwister sind allein, isoliert und jede steht für sich selbst. Die Mutter ist tot und der Vater wird gar nicht erwähnt. Das Märchen handelt aus der Isoliertheit heraus. Dies fällt auch in den weiteren zwei isolierten und abgeschlossenen Episoden (Wald und Schloss) auf.* haben wir keine gute Stunde mehr; die Stiefmutter schlägt uns alle Tage, und wenn wir zu ihr kommen, stößt sie uns mit den Füßen fort. Die harten Brotkrusten, die übrigbleiben, sind unsere Speise, und dem Hündlein unter dem Tisch geht's besser: dem wirft sie doch manchmal einen guten Bissen zu. Daß Gott erbarm, wenn das unsere Mutter wüßte! Komm wir wollen miteinander in die weite Welt *Abstrakter Stil – Scharfe Konturen: Die Welt ist weit, es gibt einen Wald, ein Häuschen und ein Schloss. Keiner der Orte und dessen Umgebung wird näher erwähnt oder beschrieben.* gehen." Sie gingen den ganzen Tag über Wiesen, Felder und Steine, und wenn es regnete, sprach das Schwesterchen: „Gott und unsere Herzen, die weinen zusammen!" Abends kamen sie in einen großen Wald *Flächenhaftigkeit – Umwelt: Es gibt keinen Heimatort, die Handlung spielt in einen Wald oder auf dem Schloß.* und waren so müde von Jammer, Hunger und dem langen Weg, daß sie sich in einen hohlen Baum setzten und einschliefen.
Am anderen Morgen, als sie aufwachten, stand die Sonne schon hoch am Himmel und schien heiß in den Baum hinein. Da sprach das Brüderchen: „Schwesterchen mich dürstet, wenn ich ein Brünnlein wüßte, ich ging' und tränk' einmal: ich mein, ich hört eins rauschen." Brüderchen stand auf, nahm Schwesterchen an der Hand, und sie wollten das Brünnlein suchen. Die böse Stiefmutter aber war eine Hexe und hatte wohl gesehen wie die beiden Kinder fortgegangen waren, war ihnen nachgeschlichen, heimlich, wie die Hexen schleiche, und hatte alle Brunnen im Walde verwünscht. Als sie nun ein Brünnlein fanden, das so glitzerig über die Steine sprang, wollte das Brüderchen daraus trinken: aber das Schwesterchen hörte, wie es im rauschen sprach: „Wer aus mir trinkt, wird ein Tiger; wer aus mir trinkt, wird ein Tiger." *Eindimensionalität: Es verwundert die Kinder nicht, dass Bäche oder Tiere sprechen können.* Da rief das Schwesterchen: „Ich bitte dich, Brüderchen, trink nicht, sonst wirst du ein wildes Tier und zerreißest mich." Das Brüderchen trank nicht, ob es gleich so großen Durst hatte, und sprach: „Ich will warten bis zur nächsten Quelle." Als sie zum zweiten Brünnlein kamen, hörte das Schwesterchen, wie auch dieses sprach: „Wer aus mir trinkt, wird ein Wolf; wer aus mir trinkt, wird ein Wolf." Da rief das Schwesterchen: „Brüderchen, ich bitte dich, trink nicht, sonst wirst du ein Wolf und frissest mich." Das Brüderchen trank nicht und sprach: Ich will warten, bis wir zur nächsten Quelle kommen, aber dann muß ich trinken, du magst sagen, was du willst: mein Durst ist gar zu groß." Und als sie zum dritten Brünnlein kamen, hörte das Schwesterlein, wie es im Rauschen sprach: „Wer aus mir trinkt, wird ein Reh; wer aus mir trinkt, wird ein Reh." Das Schwesterchen sprach: „Ach, Brüderchen, ich bitte dich, trink nicht, sonst wirst du ein Reh und läufst mir fort." Aber das Brüderchen hatte sich gleich beim Brünnlein niedergekniet, hinabgebeugt und von dem Wasser getrunken, und wie die ersten Tropfen auf seine Lippen gekommen waren, lag es da als ein Rehkälbchen. *Allverbundenheit – Stumpfes Motiv: Die Quellen scheinen nur für eine bestimmte Zeit verwunschen zu sein, da die Geschwister hernach im Wald leben, aber die verwunschenen Quellen nicht mehr erwähnt werden.*

Nun weinte das Schwesterchen über das arme, verwünschte Brüderchen, und das Reh weinte auch und saß so traurig neben ihm. Da sprach das Mädchen endlich: „Sei still, liebes Rehchen, ich will dich ja nimmermehr verlasen." *Welthaltigkeit – Gemeinschaftsmotiv: Man trifft auf Geschwistertreue, Armut und Liebe, sowie später auch auf Hochzeit und Geburt.* Dann band es sein goldenen Strumpfband ab und tat es dem Rehchen um den Hals, *Abstrakter Stil – reine Farben: Die Kinder besitzen nichts, haben aber ein wervolles goldenes Strumpfband, dies erhält das Reh. Somit wird gezeigt, dass das Reh geliebt wird und etwas Besonderes ist.* und rupfte Binsen und flocht ein weiches Seil daraus. Daran band es das Tierchen und führte es weiter und ging immer tiefer in den Wald hinein. Und als sie lange, lange gegangen waren, kamen sie endlich an ein kleines Haus, und das Mädchen schaute hinein, und weil es leer war, dachte es: „Hier können wir bleiben und wohnen." Da suchte es dem Rehchen Laub und Moos zu einem weichen Lager, und jeden Morgen ging es aus und sammelte sich Wurzeln, Beeren und Nüsse, und für das Rehchen brachte es zartes Gras mit, das fraß es ihm aus der Hand, war vergnügt und spielte vor ihm herum. Abends, wenn Schwesterchen müde war und sein Gebet gesagt hatte, legte es seinen Kopf auf den Rücken des Rehkälbchens, das war sein Kissen, darauf es sanft einschlief. Und hätte das Brüderchen nur seine menschliche Gestalt gehabt, es wäre ein herrliches Leben gewesen.

Das dauerte eine Zeitlang. *Flächenhaftigkeit – Zeit: Es gibt keine genauen Zeitangaben, man weiß auch nicht wie alt die Geschwister sind und es gibt keinen Hinweis darauf, dass sie älter werden. Sie scheinen immer gleich jung zu bleiben.* daß sie so allein in der Wildnis waren. Es trug sich aber zu, daß der König des Landes eine große Jagd in dem Wald hielt. Da schallte das Hörnerblasen, Hundegebell und das lustige Geschrei der Jäger durch die Bäume, und das Rehlein hörte es und wäre gar zu gerne dabei gewesen. „Ach", sprach es zum Schwesterlein, „laß mich hinaus in die Jagd, ich kann's nicht länger mehr aushalten", und bat so lange, bis es einwilligte. „Aber", sprach es zu ihm, „komm mir ja abends wieder, vor den wilden Jägern schließ ich mein Türlein; und damit ich dich kenne, so klopf und sprich: Mein Schwesterlein, laß mich herein; und wenn du nicht so sprichst, so schließ ich mein Türlein nicht auf." *Flächenhaftigkeit – Verhalten: Das Reh muss hinaus, um den König später zum Haus zu führen und das Gebot animiert das Mädchen zur Handlung des Aufschließens, nicht weil es so will.* Nun sprang das Rehchen hinaus und war ihm so wohl und war so lustig in freier Luft. Der König und seine Jäger sahen das schöne Tier und setzten ihm nach, aber sie konnten es nicht einholen, und wenn sie meinte, sie hätten es gewiß, da sprang es über das Gebüsch weg und war verschwunden. Als es dunkel ward, lief es zu dem Häuschen, klopfte und sprach: „Mein Schwesterlein, laß mich herein." Da ward ihm die kleine Tür aufgetan, es sprang hinein und ruhte sich die ganze Nacht auf seinem weichen Lager aus. Am anderen Morgen ging die Jagd von neuem an, und als das Rehlein wieder das Hüfthorn hörte und das Hoho! der Jäger, da hatte es keine Ruhe und Sprach: „Schwesterchen, mach mir auf, ich muß hinaus." Das Schwesterchen öffnete ihm die Türe und sprach: „Aber zu Abend mußt du wieder da sein und dein Sprüchlein sagen." Als der König und seine Jäger das Rehlein mit dem goldenen Halsband wieder sahen, jagten sie ihm alle nach, aber es war ihnen zu schnell und behend. Das währte den ganzen Tag, endlich aber hatten es die Jäger abends umzingelt, und einer verwundete es ein wenig am Fuß, so daß es hinken mußte und langsam fortlief. *Flächenhaftigkeit: Das Tier scheint beeinträchtigt, es werden aber weder Blut noch Schmerzen erwähnt* Da schlich ihm ein Jäger nach *Abstrakter Stil – Handlung: Der Jäger ist ein Handlungsbeweger und verkörpert auch eine Gabe (Isolation und Allverbundenheit), durch ihn kann der König zum Häuschen gelangen und das Mädchen ins Schloss holen. Er taucht nur solange auf, wie er benötigt wird.* bis zu dem Häuschen und hörte, wie es rief: „Mein Schwesterlein, laß mich herein", und sah, daß die Tür ihm aufgetan und alsbald wieder zugeschlossen ward.

147

Der Jäger behielt das alles wohl im Sinn, ging zum König und erzählte ihm, was er gesehen und gehört hatte. Da sprach der König: „Morgen soll noch einmal gejagt werden."

Das Schwesterchen aber erschrak gewaltig, als es sah daß sein Rehkälbchen verwundet war. Es wusch ihm das Blut ab, legte Kräuter auf und sprach: „Geh auf dein Lager, lieb Rehchen, daß du wieder heil wirst." Die Wunde aber war so gering, daß das Rehchen am Morgen nichts mehr davon spürte. Und als es die Jagdlust wieder draußen hörte, sprach es: „Ich kann's nicht aushalten, ich muß dabei sein; so bald soll mich keiner kriegen." Das Schwesterchen weinte und sprach: „Nun werden sie dich töten, und ich bin hier allein im Wald und bin verlassen von aller Welt: ich laß dich nicht hinaus." „So sterb ich dir hier vor Betrübnis", antwortete das Rehchen, „wenn ich das Hüfthorn höre, so mein ich, ich müßte aus den Schuhen springen!" Da konnte das Schwesterchen nicht anders und schloß ihm mit schwerem Herzen die Tür auf, und das Rehchen sprang gesund und fröhlich in den Wald. Als es der König erblickte, sprach er zu seinen Jägern: „Nun jagt ihm nach den ganzen Tag bis in die Nacht, aber daß ihm keiner etwas zuleide tut." Sobald die Sonne untergegangen war, sprach der König zum Jäger: „Nun komm und zeige mir das Waldhäuschen." Und als er vor dem Türlein war, klopfte er an und rief: „Lieb Schwesterlein, laß mich herein." Da ging die Tür, und der König trat herein, und da stand ein Mädchen, das war so schön, wie er noch keins gesehen hatte. *Abstrakter Stil – Extreme: Das Mädchen ist wunderschön, die Stiefschwester jedoch hässlich wie die Nacht.* Das Mädchen erschrak, als es sah, daß nicht sein Rehlein, sondern ein Mann hereinkam, der eine goldene Krone auf dem Haupt hatte. Aber der König sah es freundlich an, reichte ihm die Hand und sprach: „Willst du mit mir gehen auf mein Schloß und meine liebe Frau sein?" „Ach ja", antwortete das Mädchen, „aber das Rehchen muß auch mit, das verlaß ich nicht." Sprach der König: „Es soll bei dir bleiben, solange du lebst, und soll ihm an nichts fehlen." Indem kam es hereingesprungen, da band es das Schwesterchen wieder an das Binsenseil, nahm es selbst in die Hand und ging mit ihm aus dem Waldhäuschen fort.

Der König nahm das schöne Mädchen auf sein Pferd und führte es in sein Schloß, wo die Hochzeit mit großer Pracht gefeiert wurde, und war es nun die Frau Königin und lebten sie lange Zeit vergnügt zusammen: das Rehlein war gehegt und gepflegt und sprang in dem Schloßgarten herum. Die böse Stiefmutter, um derentwillen die Kinder in die Welt hineingegangen waren, die meinte nicht anders, als Schwesterchen wäre von den wilden Tieren im Walde zerrissen worden und Brüderchen als ein Rehkalb von den Jägern totgeschossen. Als sie nun hörte, daß sie so glücklich waren und es ihnen so wohl ging, da wurden Neid und Mißgunst in ihrem Herzen rege und ließen ihr keine Ruhe, und sie hatte keinen andern Gedanken, als wie sie die beiden doch noch ins Unglück bringen könnte. Ihre rechte Tochter, die häßlich wie die Nacht und nur ein Auge hatte, die machte ihr Vorwürfe und sprach: „Eine Königin zu werden, das Glück hätte mir gebührt." „Sei nur still", sagte die Alte und sprach sie zufrieden: „Wenn's Zeit ist, will ich schon bei der Hand sein." Als nun die Zeit herangerückt *Allverbundenheit: Egal wo das Schloss ist oder wie weit die Stiefmutter entfernt ist, sie weiß wann es an der Zeit ist zu handeln und was im Leben der Geschwister vorgeht.* war und die Königin ein schönes Knäblein zur Welt gebracht hatte und der König gerade auf der Jagd war, nahm die alte Hexe die Gestalt der Kammerfrau an, trat in die Stube, wo die Königin lag, und sprach zu der Kranken: „Kommt, das Bad ist fertig, das wird Euch wohltun und frische Kräfte geben: geschwind, eh es kalt wird." Ihre Tochter war auch bei der Hand, sie trugen die schwache Königin in die Badstube und legten sie in die Wanne; dann schlossen sie die Tür ab und liefen davon. In der Badstube aber hatten sie ein rechtes Höllenfeuer angemacht, daß die schöne junge Königin bald ersticken mußte.

Als das vollbracht war, *Sublimation – profanes Motiv: Der Mord an der Königin wird ohne Gefühlsregung vollzogen und auch später wird keine Reue gezeigt.* nahm die Alte ihre Tochter, setzte ihr eine Haube auf und legte sie ins Bett an der Königin Stelle.

Sie gab ihr auch die Gestalt und das Ansehen der Königin, nur das verlorene Auge konnte sie ihr nicht wiedergeben. Damit es aber der König nicht merkte, mußte sie sich auf die Seite legen, wo sie kein Auge hatte. Am Abend, als er heimkam und hörte, daß ihm ein Söhnlein geboren war, freute er sich herzlich und wollte an das Bett seiner lieben Frau gehen und sehen, was sie machte. Da rief die Alte geschwind: „Beileibe, laßt die Vorhänge zu, die Königin darf noch nicht in Licht und muß Ruhe haben." Der König ging zurück und wußte nicht, daß eine falsche Königin im Bette lag.

Als es aber Mitternacht war und alles schlief, da sah die Kinderfrau, die in der Kinderstube neben der Wiege saß und allein noch wachte, wie die Türe aufging und die rechte Königin hereintrat. *Eindimensionalität: Zwei Dimensionen begegnen sich – eine nicht lebende Person tritt in die Dimension der Lebenden.* Sie nahm das Kind aus der Wiege, legte es in ihren Arm und gab ihm zu trinken. Dann schüttelte sie ihm sein Kißchen, legte es wieder hinein und deckte es mit dem Deckbettchen zu. Sie vergaß aber auch das Rehchen nicht, ging in die Ecke, wo es lag, und streichelte ihm über den Rücken. *Flächenhaftigkeit – Gefühle: Die Liebe zu Kind und Reh wird durch Handlung ausgedrückt.* Darauf ging sie ganz stillschweigend wieder zur Türe hinaus, und die Kinderfrau fragte am andern Morgen die Wächter, ob jemand während der Nacht ins Schloß gegangen wäre, aber sie antworteten: „Nein, wir haben niemand gesehen." So kam es viele Nächte und sprach niemals ein Wort dabei; die Kinderfrau sah sie immer, aber sie getraute sich nicht, jemand etwas davon zu sagen.

Als nun so eine Zeit verflossen war, da hub die Königin in der Nacht an zu reden und sprach:
„Was macht mein Kind? Was macht mein Reh?
Nun komm ich noch zweimal und dann nimmermehr."

Die Kinderfrau antwortete ihr nicht, aber als sie wieder verschwunden war, ging sie zum König und erzählte ihm alles. Sprach der König: „Ach Gott was ist das! Ich will in der nächsten Nacht bei dem Kinde wachen." Abends ging er in die Kinderstube, aber um Mitternacht erschien die Königin wieder und sprach:
„Was macht mein Kind? Was macht mein Reh?
Nun komm ich noch einmal und dann nimmermehr." *Abstrakter Stil – Formelhaftigkeit: Die Königin kehrt dreimal zurück, drei verwunschen Quellen werden erwähnt, dreimal muss das Reh an der Jagd teilnehmen. Jedes mal wird nach der dritten Episode gehandelt. Gleichzeitig ist die Handlung dreigeteilt und isoliert (Isolation und Allverbundenheit): in die Flucht, das Leben im Wald und das Leben auf dem Schloss. Nicht zu übersehen ist der Formelhafte Stil der Aussage der Königin oder das Sprüchlein des Rehs, wenn es eingelassen werden will.*
Und pflegte dann des Kindes, wie sie es gewöhnlich tat, ehe sie verschwand. Der König getraute sich nicht, sie anzureden, aber er wachte auch in der folgenden Nacht. Sie sprach abermals:
„Was macht mein Kind? Was macht mein Reh?
Nun komm ich noch diesmal und dann nimmermehr."

Da konnte sich der König nicht zurückhalten, *Allverbundenheit: Der König reagiert im letzten Augenblick, denn so will es die Handlung. Genauso als er zum richtigen Zeitpunkt im Wald war und das Mädchen fand. Mit der gleichen Bestimmtheit kam die Königin des Nachts zurück und sprach ihr Sprüchlein erst dann, als es an der Zeit dafür war.* sprang zu ihr und sprach: „Du kannst niemand anders sein als meine liebe Frau." Da antwortete sie: „Ja, ich bin deine liebe Frau", und hatte in dem Augenblick durch Gottes Gnade das Leben wiedererhalten, war frisch, rot und gesund. Drauf erzählte sie dem König den Frevel, den die böse Hexe und ihre Tochter an ihr verübt hatten. Der König ließ beide vor Gericht führen, und es ward ihnen Urteil gesprochen. Die Tochter ward in Wald geführt, wo sie die wilden Tiere zerrissen, die Hexe aber ward ins Feuer gelegt und mußte jammervoll verbrennen. *Abstrakter Stil – Extreme: Während der Tod der Königin nicht als qualvoll erscheint, wurde die Strafe der Stiefmutter und Stiefschwester gesteigert.*

Und wie sie zu Asche verbrannt war, verwandelte sich das Rehkälbchen und erhielt seine menschliche Gestalt wieder: *Abstrakter Stil – Wunder; Sublimation – magisches Motiv: Ein Mensch wird verwandelt und rückverwandelt, ohne jeglichen Aufwand und Mühe. Eine Tote kehrt zurück und wird sogleich wieder lebendig. (Zählt auch zu Isolation und Allverbundenheit, da das Wunder einfach so zuteil wird)*

Schwesterchen und Brüderchen aber lebten glücklich zusammen bis an ihr Ende. *Abstrakter Stil – Handlung: Nach dem Erledigen bestimmter scharf gezeichneter Aufgaben, Erlösung und Rettung, sowie erfolgter Gerechtigkeit gegenüber den Bösen, können die Geschwister glücklich leben.*

*Welthaltigkeit: Das Märchen erzählt von armen Verhältnissen (Armut), von Auseinandersetzungen in Familien (Behandlung der Geschwister durch die Stiefmutter) und vom gemeinschaftlichen Zusammenleben (Hochzeit, Geburt und Tod). Es zeigt einen Einblick in menschliches Verhalten und Emotionen durch Taten des Mitleids und der Liebe, durch gute und böse Aktionen (Mord und Geschwisterliebe) oder durch Neid und Missgunst.*
*Es wird auf märchenhafte Weise Realität dargestellt.*
*Interessant ist, dass in einer Dokumentation über das alte Ägypten (GB 2003: Ancient Egyptians, gesehen auf History Channel 2011), ein historisch belegtes Geschwisterpaar erwähnt wurde, welches von ihrer Stiefmutter verstoßen und betrogen wurde. (siehe dazu Informationen auf: http://daserste.ndr.de/reportageunddokumentation/doku362.html, Letzter Zugriff: 28.06.2012)*

# Nützliche Internetseiten

| | |
|---|---|
| www.maerchen-emg.de | Europäische Märchengesellschaft e.V. Märchenforschung und -pflege, Tagungen, Intern. Kongresse, Publikationen etc. |
| www.maerchen-stiftung.de | Märchen-Stiftung Walter Kahn Märchenforschung und -pflege, Publikationen, Veranstaltungen etc. |
| www.maerchenland-ev.de/index.html | Deutsches Zentrum für Märchenkultur Berliner Märchentage, Ausstellungen, Projekte, Veranstaltungen etc. |
| wwwuser.gwdg.de/~enzmaer/ | Enzyklopädie des Märchens Handwörterbuch zur historischen und vergleichenden Erzählforschung |
| www.surlalunefairytales.com | Kommentierte Märchen inkl. Historie, modernen Interpretationen uvm. |
| surlalunefairytales.blogspot.co.at | Postings zu Märchen und Populärkultur; Sehr zu empfehlen. |
| oaks.nvg.org/folktale-types.html | Sehr guter Überblick über das Typensystem und dessen Ein- und Unterteilungen, sowie Informationen und Erzählungen zu Märchen auf der ganzen Welt, inkl. österreichische Erzählungen |
| www.tegetthoff.at | Folke Tegetthoff Märchendichter und Erzähler |
| www.fabelhaft.at | Folke Tegetthoffs Int. Festival der Erzählenden Künste Niederösterreich 22. – 28. Mai 2012 |
| www.maerchenlexikon.de | Märchenlexikon der edition amalia / Akademie der Landschaft Umfangreiche Märchenliste, Märchenkunde und Erzählforschung |
| www.maerchen-erzählen.de | Märchenforschung, Publikationen von Kathrin Pöge-Alder, Informationen zu MärchenerzählerInnen |
| www.sagen.at/index.hmtl | Sagen und Datenbank zur Europäischen Ethnologie/Volkskunde |
| www.maerchen-archiv.de | Märchensammlung für Jung und Alt Kleine Auswahl an Grimm und Andersen Märchen |

| | |
|---|---|
| www.folklorefellows.fi/ | Folklore Fellows<br>Internationales Netzwerk von Volkskundlern (englisch) |
| http://isfnr.org/ | International Society for Folk Narrative Research (englisch) |
| www.maerchenfilme.com | Märchenfilme<br>Wissenswertes über DEFA Märchenfilme, Russische und<br>Tschechische Filme, Disney und viele mehr |
| disney.wikia.com/wiki/The_DisneyWiki | Informationen zu allen Disney Charakteren, Filmen,<br>Produktionen uvm. |

## Abkürzungen

| | |
|---|---|
| EM | Enzyklopädie des Märchens |
| EMG | Europäische Märchengesellschaft |
| MstWK | Märchenstiftung Walter Kahn |
| KHM | Kinder und Hausmärchen (→ siehe: Brüder Grimm, 2008) |
| EN | Ergötzliche Nächte (→ siehe: Straparola, 1978) |

# Abbildungsverzeichnis

# Literaturverzeichnis

ARENDT, Dieter (1990): Das Märchen – Seine formgeschichtliche „Wahrheit". In: Oberfeld, Charlotte (Hrsg.): Wie alt sind unsere Märchen? Veröffentlichungen der EMG Bd. 14, Regensburg: Erich Röth Verlag, S. 199 – 233

AUSLÄNDER, Rose (1986): Wieder ein Tag aus Glut und Wind. Gedichte 1980 – 1982. Gesammelte Werke in sieben Bänden, Bd. 6, Frankfurt am Main: Fischer Verlag, S. 258

BALTES, Martin (Hrsg.)/HÖLTSCHL, Rainer (Hrsg.) (2011): absolute Marshall McLuhan. Freiburg: orange – press GmbH

BAUSINGER, Hermann (1995): Märchen. In: Brackert, Helmut/Stückrath, Jörn (Hrsg.): Literaturwissenschaft. Ein Grundkurs, erw. Aufl. 10. – 12. Tausend, Reinbek bei Hamburg: Rowohlt Taschenbuch Verlag GmbH, S. 173 – 185

BENDIX, Regina (2008): Vom Witz zur Quizshow. Das abgekürzte Märchen als (bisweilen auch kulturelles) Kapital In: Bendix, Regina/Marzolph, Ulrich (Hrsg.) (2008): Hören, Lesen, Sehen, Spüren. Märchenrezeption im Vergleich, Schriftenreihe RING-VORLESUNGEN der MstWK Band 8, Baltmannsweiler: Schneider Verlag Hohengehren GmbH, S. 234 – 247

BOTTIGHEIMER, Ruth (2009): Fairy Tales. A New History, New York/Albany: State University of New York Press

BÖHN, Andreas/SEIDLER, Andreas (2008): Mediengeschichte. Eine Einführung, Tübingen: Narr Francke Attempto Verlag GmbH + Co. KG

BRACKERT, Helmut/STÜCKRATH, Jörn (Hrsg.) (1995): Literaturwissenschaft. Ein Grundkurs, erw. Aufl. 10. – 12. Tsd, Reinbek bei Hamburg: Rowohlt Taschenbuch Verlag GmbH, S. 173 – 185

BREDNICH, Rolf Wilhelm (Hrsg.) (2009): Erzählkultur. Beiträge zur kulturwissenschaftlichen Erzählforschung, Berlin/New York: Walter de Gruyter GmbH & Co. KG

BROMLEY, Roger (Hrsg.)/GÖTTLICH, Udo (Hrsg.)/WINTER, Carsten (Hrsg.) (1999): Cultural Studies: Grundlagentexte zur Einführung. Lüneburg: Dietrich zu Klampen Verlag GbR

BURKHART, Roland/HÖMBERG, Walter (Hrsg.) (2007): Kommunikationstheorien. Ein Textbuch zur Einführung, 4., erw. und aktual. Aufl., Wien: Wilhelm Braumüller Universitäts-Verlagsbuchhandlung Ges.m.b.H.

FAULSTICH, Werner (Hrsg.) (1991): Medien und Kultur: Beiträge zu einem interdisziplinären Symposium der Universität Lüneburg, (Zeitschrift für Literaturwissenschaft und Linguistik: Beiheft: 16) Göttingen: Vandenhoeck & Ruprecht, S. 7 – 13

FELDMANN, Christian (2009): Von Aschenputtel bis Rotkäppchen. Das Märchen-Entwirrbuch, Gütersloh/München: Gütersloher Verlagshaus in der Verlagsgruppe Random House GmbH

FISCHER, Helmut (2008): Sekundengeschichten. Erzählen in Rundfunkwerbesendungen. In: Schmitt, Christoph (Hrsg.): Erzählkulturen im Medienwandel, Rohstocker Beiträge zur Volkskunde und Kulturgeschichte Bd. 3, Münster/New York/München/Berlin: Waxmann Verlag GmbH, S. 75 – 83

FISKE, John (Hrsg.)/LUTTER, Christina (Hrsg.)/REISENLEITNER, Markus (Hrsg.) (2003): Lesearten des Populären. Wien: Löcker Verlag, S. 14 - 24

FRANKE, Julia (Hrsg.)/ZIMMERMANN, Harm-Peer (Hrsg.) (2008): Grimms*krams* & Märchen*dising*. Publikation anlässlich der Ausstellung „Grimms*krams* & Märchen*dising*. Die Popularität der Brüder Grimm und ihrer Märchen in Hessen heute" in Marburg vom 12.12.2008 bis 06.02.2009, Berlin: Panama Verlag

FRANKE, Julia (2008): Und weil sie nicht gestorben sind ... Eine gegenwartsorientierte Ausstellung zum Werk der Brüder Grimm in der Alltagskultur der Spätmoderne. In: Franke, Julia (Hrsg.)/Zimmermann, Harm-Peer (Hrsg.): Grimms*krams* & Märchen*dising*. Publikation anlässlich der Ausstellung „Grimms*krams* & Märchen*dising*. Die Popularität der Brüder Grimm und ihrer Märchen in Hessen heute" in Marburg vom 12.12.2008 bis 06.02.2009, Berlin: Panama Verlag, S. 26 – 37

FRIZZONI, Brigitte (2008): „Shrek" – ein postmodernes Märchen. In: Schmitt, Christoph (Hrsg.): Erzählkulturen im Medienwandel, Rohstocker Beiträge zur Volkskunde und Kulturgeschichte Bd. 3, Münster/New York/München/Berlin: Waxmann Verlag GmbH, S. 187 – 202

GROSSBERG, Lawrence (1999): Zur Verortung der Populärkultur. In: Bromley, Roger (Hrsg.)/Göttlich, Udo (Hrsg.)/Winter, Carsten (Hrsg.): Cultural Studies: Grundlagentexte zur Einführung. Lüneburg: Dietrich zu Klampen Verlag GbR, S. 215 – 236

HARTMANN, Frank (2008): Medien und Kommunikation. Wien: Facultas Verlags- und Buchhandels AG, S. 7 – 13

JOLLES, André (1972): Einfache Formen. Studienausgabe der 4. Aufl., Tübingen: Max Niemeyer Verlag, S. 219

KAHN, Walter (1993): Vorwort: Märchen – was ist das? In: Märchen-Stiftung Walter Kahn (Hrsg): Die Volksmärchen in unserer Kultur. Berichte über Bedeutung und Weiterleben der Märchen. Frankfurt am Main: Haag und Herchen Verlag GmbH, S. 7 – 9

KLOOCK, Daniela/SPAHR, Angela (2007): Medientheorien. Eine Einführung. 3., aktual. Aufl., München: Wilhelm Fink GmbH & Co. Verlags-KG

LAMPING, Dieter (Hrsg.) (2009): Handbuch der literarischen Gattungen. In Zusammenarbeit mit Sandra Poppe, Sascha Seiler und Frank Zipfel, Stuttgart: Alfred Kröner Verlag, S. 234 – 239, S. 646 – 651

LANGE, Günther (2011): Märchen aktuell – Märchenbücher nach 1945. In: Märchen-Stiftung Walter Kahn (Hrsg.): Märchenspiegel, Zeitschrift für internationale Märchenforschung und Märchenpflege, Jahrgang 22, Heft 1/2011, Baltmannsweiler: Schneider Verlag Hohengehren, S. 3 – 11

LANGE, Günther (2005): Einführung in Band 2: Märchen – Märchenforschung – Märchendidaktik. In: Lange, Günter (Hrsg.) (2005): Märchen – Märchenforschung – Märchendidaktik. 2. Aufl. Schriftenreihe RINGVORLESUNGEN der MstWK Band 2, Baltmannsweiler: Schneider Verlag Hohengehren GmbH, S. 1 – 32

LEIBFRIED, Erwin (1982): Fabel. 4., durchges. u. erg. Aufl. 16. – 20. Tsd., Stuttgart: J.B. Metzlersche Verlagsbuchhandlung und Carl Ernst Poeschel Verlag GmbH, S. 1, S. 17

LESCHKE, Rainer (2003): Einführung in die Medientheorie. München: Wilhelm Fink Verlag

LÜTHI, Max (2005): Das europäische Volksmärchen. Form und Wesen, 11., unveränd. Aufl., Tübingen/Basel: A. Francke Verlag

LÜTHI, Max (2004): Märchen. 10., aktual. Aufl., bearbeitet von Heinz Rölleke, Weimar/Stuttgart: J.B. Metzlersche Verlagsbuchhandlung und Carl Ernst Poeschel Verlag GmbH

LÜTHI, Max (1990): Das Volksmärchen als Dichtung. Ästhetik und Anthropologie, 2., durchges. Aufl., Göttingen: Vandenhoeck und Ruprecht

MAAR, Paul (2011): Ein Zwischenfall auf der Trauerfeier. In: Märchen-Stiftung Walter Kahn (Hrsg.): Märchenspiegel, Zeitschrift für internationale Märchenforschung und Märchenpflege, Jahrgang 22, Heft 1/2011, Baltmannsweiler: Schneider Verlag Hohengehren. S. 12 – 13

MAYER, Mathias/TISMAR, Jens (1997): Kunstmärchen. 3., völlig neu bearb. Aufl., Weimar/Stuttgart: J.B. Metzlersche Verlagsbuchhandlung und Carl Poeschel Verlag GmbH, S. 2ff.

MCLUHAN, Marshall (1987): Understanding Media. The extensions of man, London/New York: Ark Paperbacks

NEUHAUS, Stefan (2005): Märchen. Tübingen: Narr Francke Attempto Verlag GmbH + Co. KG

NÜNNING, Ansgar (2005) (Hrsg.): Grundbegriffe der Kulturtheorie und Kulturwissenschaften. Stuttgart/Weimar: J.B. Metzlersche Verlagsbuchhandlung und Carl Ernst Poeschel Verlag GmbH, S. 176f.

OBERFELD, Charlotte (Hrsg.) (1990): Wie alt sind unsere Märchen?, Regensburg: Erich Röth Verlag, S. 5 – 10 (= EMG Bd. 14)

PÖGE-ALDER, Kathrin (2007): Märchenforschung. Theorien, Methoden, Interpretationen, Tübingen: Narr Francke Attempto Verlag GmbH + Co.KG

PÖGE-ALDER, Kathrin (1994): Märchen als mündlich tradierte Erzählungen des Volkes? Zur Wissenschaftsgeschichte der Entstehungs- und Verbreitungstheorien von Volksmärchen von den Brüdern Grimm bis zur Märchenforschung in der DDR, Frankfurt am Main/Berlin (u.a.): Peter Lang GmbH, Europäischer Verlag der Wissenschaften, S. 16

POSER, Therese (1980): Das Volksmärchen. Theorie – Analyse – Didaktik, München: R. Oldenburg Verlag GmbH

ROBIER, Ingomar (2000): Die Wortkultur und ihre Widersacher: Kritik der Medientheorie Neil Postmanns, Aspekte pädagogischer Innovation Band 24, Frankfurt am Main/Wien (u.a.): Peter Lang GmbH, Europäischer Verlag der Wissenschaften

RÖHRICH, Lutz (1993): Märchen und Märchenforschung heute. In: Röth, Dieter (Hrsg.)/Kahn, Walter (Hrsg.): Märchen und Märchenforschung in Europa: ein Handbuch, im Auftr. der MstWK, Frankfurt am Main: Haag + Herchen Verlag GmbH, S. 9 – 13

RÖHRICH, Lutz (1990): Wechselwirkungen zwischen oraler und literaler Tradierung. In: Oberfeld, Charlotte (Hrsg.): Wie alt sind unsere Märchen? Veröffentlichungen der EMG Bd. 14, Regensburg: Erich Röth Verlag, S. 51 – 70

RÖHRICH, Lutz (1990a): Wandlung des Märchens in den modernen Bildmedien Comics und Cartoons. In: Uther, Hans-Jörg (Hrsg.): Märchen in unserer Zeit: zu Erscheinungsformen eines populären Erzählgenres, München: Eugen Diederichs Verlag, S.11 – 26

RÖHRICH, Lutz (1971): Sage. 2., durchges. Aufl., Stuttgart: J.B. Metzlersche Verlagsbuchhandlung und Carl Ernst Poeschel Verlag GmbH, S. 34, S. 51

RÖHRICH, Lutz (1956): Märchen und Wirklichkeit. Eine volkskundliche Untersuchung, Wiesbaden: Franz Steiner Verlag GmbH

RÖLLEKE, Heinz (2009): Märchen. In: Lamping, Dieter (Hrsg.): Handbuch der literarischen Gattungen. In Zusammenarbeit mit Sandra Poppe, Sascha Seiler und Frank Zipfel, Stuttgart: Alfred Kröner Verlag, S. 508 – 513

ROSENFELD, Hellmut (1982): Legende. 4., verb. u. verm. Aufl., Stuttgart: J.B. Metzlersche Verlagsbuchhandlung und Carl Ernst Poeschel Verlag GmbH, S. 1

RUBINI MESSERLI, Luisa (2008): Gedruckte „Märchen" aus Handschriften oder Mündlichkeit? Ein Medienwandel um 1500 in Italien und Deutschland. In: Schmitt, Christoph (Hrsg.): Erzählkulturen im Medienwandel, Rohstocker Beiträge zur Volkskunde und Kulturgeschichte Bd. 3, Münster/New York/München/Berlin: Waxmann Verlag GmbH, S. 21 – 38

SCHENDA, Rudolf (1993): Von Mund zu Ohr: Bausteine zu einer Kulturgeschichte volkstümlichen Erzählens in Europa, Göttingen: Vandenhoeck & Ruprecht, S. 37, S. 49f.

SCHMIDT-KNAEBEL, Susanne (2009): Sage. In: Lamping, Dieter (Hrsg.): Handbuch der literarischen Gattungen. In Zusammenarbeit mit Sandra Poppe, Sascha Seiler und Frank Zipfel, Stuttgart: Alfred Kröner Verlag, S. 646 – 651

SCHMITT, Christoph (Hrsg.) (2008): Erzählkulturen im Medienwandel. Rohstocker Beiträge zur Volkskunde und Kulturgeschichte Bd. 3, Münster/New York/München/Berlin: Waxmann Verlag GmbH

SCHNEIDER, Ingo (2009): Über das multidisziplinäre Interesse am Erzählen und die Vielfalt der Erzähltheorien. In: Brednich, Rolf Wilhelm (Hrsg.): Erzählkultur. Beiträge zur kulturwissenschaftlichen Erzählforschung, Berlin/New York: Walter de Gruyter GmbH & Co. KG, S. 5

SHOJAEI KAWAN, Christine (2008): Filmmärchen für Erwachsene. Zum Beispiel *Chocolat* In: Bendix, Regina/Marzolph, Ulrich (Hrsg.): Hören, Lesen, Sehen, Spüren. Märchenrezeption im Vergleich, Schriftenreihe RINGVORLESUNGEN der MstWK Band 8, Baltmannsweiler: Schneider Verlag Hohengehren GmbH, S. 159 – 183

SEGAL, Robert A. (2007): Mythos. Eine kleine Einführung. Stuttgart: Philip Reclam jun. GmbH & Co., S. 11 – 14

SEIBERT, Peter (2007): Die Medien und die Märchen – „Katze und Maus in Gesellschaft"? Überlegungen zu einer Vorlesungsreihe Märchen und Medien. In: Barsch, Achim/Seibert, Peter (Hrsg.) (2007): Märchen und Medien. Schriftenreihe RINGVORLESUNGEN der MstWK Band 6, Baltmannsweiler: Schneider Verlag Hohengehren GmbH, S. 3 – 11

SEREINIG, Stefan (2004): Von der oralen Gesellschaft zum Medial Turn. Eine Geschichte der Menschen und Medien, Diplomarbeit, Institut der Medien- und Kommunikationswissenschaften, Fakultät für Kulturwissenschaft, Universität Klagenfurt, Klagenfurt, S. 9

STRASSNER, Erich (1968): Schwank. Stuttgart: J.B. Metzlersche Verlagsbuchhandlung und Carl Ernst Poeschel Verlag GmbH, S. 13

SWAHN, Jan-Övind (1990): Tradierungskonstanten. Wie weit reicht unsere mündliche Tradition zurück? In: Oberfeld, Charlotte (Hrsg.): Wie alt sind unsere Märchen? Veröffentlichungen der EMG Bd. 14, Regensburg: Erich Röth Verlag, S. 36 – 50

TAUBE, Erika (2009): Vom Quellenwert mündlich überlieferter Märchen und was dem Deuten vorausgeht. In: Märchen-Stiftung Walter Kahn (Hrsg.): Märchenspiegel. Zeitschrift für internationale Märchenforschung und Märchenpflege, Jahrgang 20, Heft 1/2009, Baltmannsweiler: Schneider Verlag Hohengehren, S. 9 – 22

UTHER, Hans-Jörg (Hrsg.) (1990): Märchen in unserer Zeit: zu Erscheinungsformen eines populären Erzählgenres, München: Eugen Diederichs Verlag, S. 11 – 26

WEHSE, Rainer (1990): Uralt? Theorien zum Alter des Märchens. In: Oberfeld, Charlotte (Hrsg.): Wie alt sind unsere Märchen? Veröffentlichungen der EMG Bd. 14, Regensburg: Erich Röth Verlag, S. 10 – 27

WILLMS, Christiane (2009): „Erzählen als Überlebens- und Kunstform". In: Märchen-Stiftung Walter Kahn (Hrsg.): Märchenspiegel. Zeitschrift für internationale Märchenforschung und Märchenpflege, Jahrgang 20, Heft 4/2009, Baltmannsweiler: Schneider Verlag Hohengehren, S. 68 – 70

WILKE, Jürgen (2008): Grundzüge der Medien- und Kommunikationsgeschichte. 2., durchges. und erg. Aufl., Köln/Weimar/Wien: Böhlau Verlag GmbH, S. 4f.

ZIMMERMANN, Harm-Peer (2009): Märchen in der Massen- und Erlebniskultur. Eine Marburger Ausstellung widmet sich der Popularität der Brüder Grimm heute, In: Märchen-Stiftung Walter Kahn (Hrsg.): Märchenspiegel. Zeitschrift für internationale Märchenforschung und Märchenpflege, Jahrgang 20, Heft 1/2009, Baltmannsweiler: Schneider Verlag Hohengehren, S. 50 – 57

ZIMMERMANN, Harm-Peer (2008): Grimm in Massen. Erläuterungen zur Ausstellung „Grimmskrams & Märchendising" In: Franke, Julia (Hrsg.)/Zimmermann, Harm-Peer (Hrsg.): Grimmskrams & Märchendising. Publikation anlässlich der Ausstellung „Grimmskrams & Märchendising. Die Popularität der Brüder Grimm und ihrer Märchen in Hessen heute" in Marburg vom 12.12.2008 bis 06.02.2009, Berlin: Panama Verlag, S. 7 – 25

ZIPES, Jack (2007): When dreams came true: classical fairy tales and their tradition. 2nd ed, New York/London: Routledge Taylor & Francis Group

ZIPES, Jack (2002): The Brothers Grimm: from enchanted forests to the modern world. New York/Basingstoke: Palgrave Macmillian

ZIPES, Jack (2001): The great fairy tale tradition: from Straparola and Basile to the brothers Grimm: Texts, criticism, New York/London: W.W. Norton & Company

ZIPES, Jack (2000): The Oxford Companion to Fairy Tales. New York: Oxford University Press

ZYMNER, Rüdiger (2009): Fabel. In: Lamping, Dieter (Hrsg.): Handbuch der literarischen Gattungen. In Zusammenarbeit mit Sandra Poppe, Sascha Seiler und Frank Zipfel, Stuttgart: Alfred Kröner Verlag, S. 234 – 239


## EM – Enzyklopädie des Märchens

EM 1 (1977): Enzyklopädie des Märchens, Handwörterbuch zur historischen und vergleichenden Erzählforschung. Band 1, 1. Aufl., Hrsg. von Kurt Ranke, in Zusammenarbeit mit Hermann Bausinger, Lutz Röhrich, Max Lüthi et al., Berlin/New York: Walter de Gruyter & Co, Sp. 1f, Sp. 35, Sp. 176 – 185, Sp. 323 – 330, Sp. 404 – 407, Sp. 407 – 419, Sp. 917 – 921,

EM 2 (1979): Enzyklopädie des Märchens, Handwörterbuch zur historischen und vergleichenden Erzählforschung. Band 2, 1. Aufl., Hrsg. von Kurt Ranke, in Zusammenarbeit mit Hermann Bausinger, Lutz Röhrich, Max Lüthi et al., Berlin/New York: Walter de Gruyter & Co, Sp. 386 – 406, Sp. 467 – 471

EM 3 (1981): Enzyklopädie des Märchens, Handwörterbuch zur historischen und vergleichenden Erzählforschung. Band 3, 1. Aufl., Hrsg. von Kurt Ranke, in Zusammenarbeit mit Hermann Bausinger, Lutz Röhrich, Max Lüthi et al., Berlin/New York: Walter de Gruyter & Co, Sp. 666 – 670, Sp. 851 – 868, Sp. 879 – 886, Sp. 1207 – 1211, Sp. 1274 – 1280

EM 4 (1984): Enzyklopädie des Märchens, Handwörterbuch zur historischen und vergleichenden Erzählforschung. Band 4, Hrsg. von Kurt Ranke, in Zusammenarbeit mit Hermann Bausinger et al., Berlin/New York: Walter de Gruyter & Co, Sp. 316 – 342, Sp. 710 – 720, Sp. 727 – 745, Sp. 1240 – 1242, Sp. 1416 – 1440

EM 5 (1987): Enzyklopädie des Märchens, Handwörterbuch zur historischen und vergleichenden Erzählforschung. Band 5, begr. von Kurt Ranke, hrsg. von Rolf Wilhelm Brednich, in Zusammenarbeit mit Hermann Bausinger, Lutz Röhrich, Rudolf Schenda et al., Berlin/New York: Walter de Gruyter & Co, Sp. 625 – 637, Sp. 744 – 768, Sp. 1012 – 1030

EM 6 (1990): Enzyklopädie des Märchens, Handwörterbuch zur historischen und vergleichenden Erzählforschung. Band 6, begr. von Kurt Ranke, hrsg. von Rolf Wilhelm Brednich, in Zusammenarbeit mit Hermann Bausinger, Lutz Röhrich, Rudolf Schenda et al., Berlin/New York: Walter de Gruyter & Co, Sp. 464 – 472

EM 7 (1993): Enzyklopädie des Märchens, Handwörterbuch zur historischen und vergleichenden Erzählforschung. Band 7, begr. von Kurt Ranke, hrsg. von Rolf Wilhelm Brednich, in Zusammenarbeit mit Hermann Bausinger, Lutz Röhrich, Rudolf Schenda et al., Berlin/New York: Walter de Gruyter & Co, Sp. 151 – 157, Sp. 321 – 324,

EM 8 (1996): Enzyklopädie des Märchens, Handwörterbuch zur historischen und vergleichenden Erzählforschung. Band 8, begr. von Kurt Ranke, hrsg. von Rolf Wilhelm Brednich, in Zusammenarbeit mit Hermann Bausinger, Lutz Röhrich, Klaus Roth et al., Berlin/New York: Walter de Gruyter & Co, Sp. 97 – 105, Sp. 855 – 868, Sp. 950 – 970

EM 9 (1999): Enzyklopädie des Märchens, Handwörterbuch zur historischen und vergleichenden Erzählforschung. Band 9, begr. von Kurt Ranke, hrsg. von Rolf Wilhelm Brednich, in Zusammenarbeit mit Hermann Bausinger, Lutz Röhrich, Klaus Roth et al., Berlin/New York: Walter de Gruyter & Co, Sp. 250 – 274, Sp. 466 – 470, Sp. 1086 – 1092, Sp. 1092 – 1104

EM 10 (2002): Enzyklopädie des Märchens, Handwörterbuch zur historischen und vergleichenden Erzählforschung. Band 10, begr. von Kurt Ranke, hrsg. von Rolf Wilhelm Brednich, in Zusammenarbeit mit Hermann Bausinger, Lutz Röhrich, Klaus Roth et al., Berlin/New York: Walter de Gruyter GmbH & Co, Sp. 154 – 159, Sp. 1161 – 1164. Sp. 1198 – 1204

EM 11 (2004): Enzyklopädie des Märchens, Handwörterbuch zur historischen und vergleichenden Erzählforschung. Band 11, begr. von Kurt Ranke, hrsg. von Rolf Wilhelm Brednich, in Zusammenarbeit mit Hermann Bausinger, Lutz Röhrich, Klaus Roth et al., Berlin/New York: Walter de Gruyter GmbH & Co, Sp. 906 – 918, Sp. 1017 – 1049

EM 12 (2007): Enzyklopädie des Märchens, Handwörterbuch zur historischen und vergleichenden Erzählforschung. Band 12, begr. von Kurt Ranke, hrsg. von Rolf Wilhelm Brednich, in Zusammenarbeit mit Hermann Bausinger, Lutz Röhrich, Klaus Roth et al., Berlin/New York: Walter de Gruyter GmbH & Co, Sp. 1439f.,

EM 13 (2010): Enzyklopädie des Märchens, Handwörterbuch zur historischen und vergleichenden Erzählforschung. Band 13, begr. von Kurt Ranke, hrsg. von Rolf Wilhelm Brednich, in Zusammenarbeit mit Hermann Bausinger, Hans-Jörg Uther, Klaus Roth et al., Berlin/New York: Walter de Gruyter GmbH & Co, Sp. 59 – 64

**Bücher der MstWK**

BARSCH, Achim/SEIBERT, Peter (Hrsg.) (2007): Märchen und Medien. Schriftenreihe RINGVORLESUNGEN der MstWK Band 6, Baltmannsweiler: Schneider Verlag Hohengehren GmbH

BENDIX, Regina/MARZOLPH, Ulrich (Hrsg.) (2008): Hören, Lesen, Sehen, Spüren. Märchenrezeption im Vergleich, Schriftenreihe RINGVORLESUNGEN der MstWK Band 8, Baltmannsweiler: Schneider Verlag Hohengehren GmbH

LANGE, Günter (Hrsg.) (2005): Märchen – Märchenforschung – Märchendidaktik. 2. Aufl. Schriftenreihe RINGVORLESUNGEN der MstWK Band 2, Baltmannsweiler: Schneider Verlag Hohengehren GmbH

MÄRCHEN-STIFTUNG WALTER KAHN (Hrsg.) (2011): Märchenspiegel. Zeitschrift für internationale Märchenforschung und Märchenpflege, Jahrgang 22, Heft 1/2011, Baltmannsweiler: Schneider Verlag Hohengehren

MÄRCHEN-STIFTUNG WALTER KAHN (Hrsg.) (2009): Märchenspiegel. Zeitschrift für internationale Märchenforschung und Märchenpflege, Jahrgang 20, Heft 1/2009, Baltmannsweiler: Schneider Verlag Hohengehren

MÄRCHEN-STIFTUNG WALTER KAHN (Hrsg.) (2009): Märchenspiegel. Zeitschrift für internationale Märchenforschung und Märchenpflege, Jahrgang 20, Heft 4/2009, Baltmannsweiler: Schneider Verlag Hohengehren

MÄRCHEN-STIFTUNG WALTER KAHN (Hrsg) (1993): Die Volksmärchen in unserer Kultur. Berichte über Bedeutung und Weiterleben der Märchen, Frankfurt am Main: Haag und Herchen Verlag GmbH

RÖTH, Dieter (Hrsg.)/KAHN, Walter (Hrsg.) (1993): Märchen und Märchenforschung in Europa: ein Handbuch. Im Auftr. der MstWK, Frankfurt am Main: Haag + Herchen Verlag GmbH

**Märchen – Bücher und Sammlungen**

DANIEL, Noel (Hrsg.) (2011): Die Märchen der Brüder Grimm. Köln, Taschen GmbH, S. 9, S. 18 – Abb. 6: S. 14, S. 44 – Abb. 15: S. 35, S. 49, S. 53 – Abb. 53: S. 105, S. 101, S. 108 – Abb. 16: S. 39, S. 112 – Abb. 39: S. 94, S. 171, S. 181 – Abb. 27: S. 84, S. 183f. – Abb. 17: S. 42, S. 193 – Abb. 60: S. 110

BRÜDER GRIMM (2008): Kinder- und Hausmärchen. Ausgabe letzter Hand mit den Originalanmerkungen der Brüder Grimm, Bd. 1 – 3 (Band 1: Märchen Nr. 1 – 86; Band 2: Märchen Nr. 87 – 200, Kinderlegenden Nr. 1 – 10, Anhang Nr. 1 – 28; Band 3: Originalanmerkungen, Herkunftsnachweise, Nachwort), Stuttgart: Philipp Reclam jun. GmbH & Co.

JELDE, Erik (1956): Märchen der Welt. Gesammelt und neu erzählt von Erik Jelde, mit 80 Bildern von Martin und Ruth Koser-Michaëls, Knaurs Märchenbücher, München/Zürich: Droemersche Verlagsanstalt Th. Knaur Nachf., S. 75 – Abb. 10: S. 25

MENGES, Jeff (Hrsg.)/DULAC, Edmund (2004): Dulac's fairy tale illustrationsin full color, selected and edited ny Jeff A. Menges, United States: Dover Publications, Inc. Plate 4 – Abb. 21: S. 74

PERRAULT, Charles (2006): Sämtliche Märchen. Übersetzt von Doris Distelmaier-Haas, Stuttgart: Philipp Reclam jun. GmbH & Co.

STRAPAROLA, Giovanfrancesco (1978): Ergötzliche Nächte. Ausgewählte Novellen, Klagenfurt: Eduard Kaiser Verlag


**Internetquellen**

ADVERTOLOG.COM: (Letzter Zugriff: 10.07.2012)
Abb. 34: S. 90: http://www.advertolog.com/lg/adverts/sleeping-beauty-12847405/
Abb. 45: S. 100: http://www.advertolog.com/brain-candy-toys/print-outdoor/cinderella-14299955/
Abb. 46: S. 100: http://www.advertolog.com/moccona/adverts/quest-11803805/
Abb. 47: S. 101: http://www.advertolog.com/terra-6337605/print-outdoor/cinderella-10590005/
Abb. 48: S. 101: http://www.advertolog.com/melissa/print-outdoor/cinderella-10273655/
Abb. 57: S. 108: http://www.advertolog.com/pantene/billboard/rapunzel-11903955/
Abb. 59: S. 109: http://www.advertolog.com/zain/adverts/rapunzel-14338155/
Abb. 66: S. 116: http://www.advertolog.com/louis-vuitton/print-outdoor/snow-white-3942155/
Abb. 68: S. 117: http://www.advertolog.com/oreo/print-outdoor/snow-white-15018555/
Abb. 89: S. 136:
http://www.advertolog.com/literacy-foundation/print-outdoor/cinderella-12634605/

ALLMOVIEPHOTOS.COM (2012): (Letzter Zugriff: 14.07.2012)
Abb. 62: S. 113:
http://www.allmoviephoto.com/photo/2012_Mirror_Mirror_photo.html
Abb. 63: S. 114:
http://www.allmoviephoto.com/photo/2012_Snow_White_and_the_Huntsman_photo.html
Abb. 69: S. 118:
http://www.allmoviephoto.com/photo/2011_Red_Riding_Hood_photo.html

AMAZON.DE: (Letzter Zugriff: 10.07.2012)
Abb. 5: S. 12:
http://www.amazon.de/Die-Sch%C3%B6ne-oder-das-Biest/dp/3464900703/ref=sr_1_1?ie=UTF8&qid=1343725134&sr=8-1
Abb. 30: S. 87:

http://www.amazon.de/s/ref=nb_sb_noss_1?__mk_de_DE=%C5M%C5Z%D5%D1&ur
l=search-alias%3Daps&field-keywords=Prinz+gaul&x=0&y=0
Abb. 31: S. 88:
http://www.amazon.de/s/ref=sr_nr_n_1?rh=n%3A186606%2Ck%3ADornr%C3%B6sc
hen%2Cn%3A!541686%2Cn%3A117&bbn=541686&keywords=Dornr%C3%B6schen
&ie=UTF8&qid=1343736036&rnid=541686
Abb. 42: S. 97:
http://www.amazon.de/s/ref=nb_sb_noss_1?__mk_de_DE=%C3%85M%C3%85Z%C3
%95%C3%91&url=search-alias%3Dstripbooks&field-
keywords=Aschenputtel&rh=n%3A186606%2Ck%3AAschenputtel
Abb. 67: S. 117:
http://www.amazon.de/s/ref=sr_nr_n_22?rh=n%3A186606%2Ck%3AM%C3%A4rchen
%2Cn%3A!541686%2Cn%3A11063821&bbn=541686&keywords=M%C3%A4rchen
&ie=UTF8&qid=1343756090&rnid=541686
Abb. 70: S. 119:
http://www.amazon.de/Fairytale-Food-Enchanting-Recipes-
Cooking/dp/1848093578/ref=sr_1_cc_1?s=aps&ie=UTF8&qid=1343757111&sr=1-1-
catcorr

AMELIINSUNSHINE.BLOGSPOT (2011): Abb. 44: S. 99: Disney dreams dreamed by Anni
    Leibovitz: http://amelieinsunshine.blogspot.co.at/2011/05/disney-dreams-dreamed-by-
    annie.html (Letzter Zugriff: 15.07.2012)

BATTERSBY, Matilda (2012): Fairy-tales: So, do you think you're fair enough? The
    Independent,          09.06.2012:              http://www.independent.co.uk/arts-
    entertainment/films/features/fairytales-so-do-you-think-youre-fair-enough-
    7827650.html (Letzter Zugriff: 28.06.2012)

BIRMINGHAM HIPPODROME (2011): Whats On: Matthew Bourne's Cinderella:
    http://www.birminghamhippodrome.com/WhatsOn_focus.asp?showId=1685    (Letzter
    Zugriff: 18.06.2012)

BRAUN, Liz (2012): Fairy tales cast spell on Hollywood, Toronto Sun, 26.05.2012:
    http://www.torontosun.com/2012/05/25/fairy-tales-cast-spell-on-hollywood    (Letzter
    Zugriff: 28.06.2012)

CARTOONSTOCK.COM (o.J.): Abb. 64: S. 115:
    http://www.cartoonstock.com/directory/w/wicked_stepmother.asp

COOLCOMMUNICATION'S WEBOG (2008): Abb. 48: S. 101: Cool bedtime stories for
    mama's boy or dady's girl!: http://coolcommunication.wordpress.com/2008/10/30/cool-
    bedtime-stories-for-mamas-boy-or-dadys-girl/ (Letzter Zugriff: 12.07.2012)

DISNEY: (Letzter Zugriff: 10.07.2012)
  Abb. 28: S. 86:
  http://www.disneystore.de/dornroeschen/aurora-dornroeschen/mn/1000086/
  Abb. 29: S. 86: http://www.disney.de/prinzessinnen/index.jsp
  Abb. 33: S. 90: http://www.disneybridal.com/media_gallery-1gallery.html
  Abb. 40: S. 95: http://www.disneystore.de/cinderella/mn/1000014/
  Abb. 54: S. 106:
  http://www.disneystore.de/rapunzel-neu-verfoehnt/rapunzel/mn/1000091/

DEMIRKAYA, Neija (2010): Symbolik und Bedeutung des Apfels in Religion und Mythologie,   09.11.2010:   http://suite101.de/article/symbolik-und-bedeutung-des-apfels-in-
  religion-und-mythologie-a92367 (Letzter Zugriff: 27.06.2012)

DERSTANDARD.AT (2012): Abb. 72: S. 120: Aschenputtels Glas-pantoffeln von Louboutin,    05.07.2012:    http://derstandard.at/1339639921978/Cinderella-Schuhe-
  Aschenputtels-Glaspantoffeln-von-Louboutin (Letzter Zugriff: 10.07.2012)

ELENDER, Sabine (o.J.): Farbsymbolik: http://www.galerie-elender.de/Farbsymbolik.htm
  (Letzter Zugriff: 27.06.2012)

ETSY: E-Commerce-Website für den Kauf und Verkauf von handgemachten Produkte,
  Vintage und Künstlerbedarf
  Abb. 40: S. 95: Kinderwagen: http://www.etsy.com/shop/ellen33s;
  Kutschenanhänger: http://www.etsy.com/shop/Gelivablegift?page=2
  Abb. 61: S. 111: MacBook Sticker: http://www.etsy.com/shop/geoskin12

EVA K. ANDERSON: Abb. 74: S. 121: http://www.eva-k-anderson.com/de/
  (Letzter Zugriff: 15.07.2012)

EWALD, Matthias: Abb.1: S. 5, Entwurf und Erstellung eines Magazintitelbildes zum
  Thema "Schöne neue Medienwelt" bei Prof. Christian Barta an der Hochschule Ans-
  bach: http://matthiasewald.com (Letzter Zugriff: 01.06.2012)

GRAY, Emma (2012a): ,Mirror Mirror': What the Snow White narrative says about
  women, Beauty and aging, HuffPost Women, The Internet Newspaper, 30.03.2012:
  http://www.huffingtonpost.com/emma-gray/mirror-mirror-snow-white-tarsem-singh-
  julia-roberts-lily-collins-women-beauty-
  aging_b_1391222.html?ref=women&icid=maing-grid10|htmlws-main-
  bb|dl15|sec3_lnk3%26pLid%3D148471 (Letzter Zugriff: 25.06.2012)

GRAY, Emma (2012b): ,Snow White and the Huntsman' is a new Twist on an old tale,
  HuffPost    Women,    The    Internet    Newspaper,    01.06.2012:
  http://www.huffingtonpost.com/emma-gray/snow-white-and-the-huntsman-kristen-
  stewart-charlize-theron_b_1563941.html (Letzter Zugriff: 25.06.2012)

GREEN GARBAGE PROJECT (o.J.): Abb. 18: S. 44, Blog, über Google-Bildersuche gefunden: http://greengarbageproject.adammathiasdesign.com/ (Letzter Zugriff: 01.07.2012)

IBLAMETHEPATRIARCHY.COM (2011): Abb. 52: S. 104: Brit royals pay homage to unidentified cartoon, 22.05.2011: http://blog.iblamethepatriarchy.com/2011/05/22/brit-royals-pay-homage-to-unidentified-cartoon/ (Letzter Zugriff: 06.07.2012)

IMDB.COM: Internet Movie Database (Letzter Zugriff: 01.07.2012)
Abb. 41: S. 96: http://www.imdb.com/
Abb. 55: S. 106: http://www.imdb.com/title/tt0398286/

ISRINGHAUS, Jörg (2012): „Schneewittchen", „Aschenputtel" und Co.: Hollywood setzt auf Märchen, RP Online, zuletzt aktualisiert: 12.06.2012: http://www.rp-online.de/kultur/film/hollywood-setzt-auf-maerchen-1.2867026 (Letzter Zugriff: 28.06.2012)

KIDS ENCYCLOPEDIA: Abb. 24: S. 77: Encyclopaedia britannica Kids: http://kids.britannica.com/comptons/art-139602/An-oil-portrait-of-Charles-Perrault-author-of-Contes-de (Letzter Zugriff: 07.07.2012)

KIP LYALL (o.J.): Abb. 65: S. 116: http://www.kiplyall.com/cartoons.html

MICHE: Abb. 71: S. 119: http://www.miche-bag.eu/default/fashion-tales (Letzter Zugriff: 02.07.2012)

MISPAGEL, Nathalie (2012): Fantasy-Film „Spieglein, Spieglein": Schneewittchen als raffiniertes Punk-Märchen, ZEIT ONLINE, 02.04.2012: http://www.zeit.de/kultur/film/2012-03/film-spieglein-spieglein (Letzter Zugriff: 25.05.2012)

ONCE UPON A BLOG (2012): Abb. 69: S. 118: Blogeintrag vom 01.03.2012: http://fairytalenewsblog.blogspot.co.at/2012_03_01_archive.html

PAVLOU, Mary: Abb. 38: S. 93, Abb. 49: S. 102, Abb. 56: S. 107: http://petitetiaras.tumblr.com/ (Letzter Zugriff: 15.07.2012)

PRÄVENTIONSKAMPAGNE HAUT (2009): Joghurt bei Sonnenbrand – Hautmythen und was dran ist, aktualisiert: 26.11.2009: http://www.gesundheit.de/krankheiten/haut-und-haare/sonnenschutz-und-sonnenbrand/joghurt-bei-sonnenbrand-hautmythen-und-was-dran-ist (Letzter Zugriff: 10.11.2011)

READ ABOUT COMICS (2004): Abb. 32: S. 89: Ballad of Sleeping Beauty, 15.07.2004: http://www.readaboutcomics.com/2004/07/15/ballad-of-sleeping-beauty-1/ (Letzter Zugriff: 16.06.2012)

RTL II : Abb. 50: S. 103: Homepage des Senders zu „Das Aschenputtel-Experiment": http://www.rtl2.de/9090.html (Letzter Zugriff: 03.07.2012)

SCHNEIDEWIND, Friedhelm (2006): Vortrag – Vom Wasserbild zum Spiegeltor, PDF-Datei zum Download: http://www.vs-rhein-neckar.de/spiegel.htm (Letzter Zugriff: 27.06.2012)

SCHWICKERT, Martin (2012): Film „Snow White and the Huntsman": Schneewittchen ist keine Haushälterin, ZEIT ONLINE, 31.05.2012: http://www.zeit.de/kultur/film/2012-05/snow-white-huntsman-rezension (Letzter Zugriff: 25.06.2012)

SURLALUNE FAIRY TALES BLOG (o.J.): Diverse Blogeinträge, Produktinformationen, Bilder und Artikel zu Cinderella, Fairy Tale, Disney, Little Red Riding Hood, Rapunzel, Sleeping Beauty und Snow White, u.v.m.: http://surlalunefairytales.blogspot.co.at/ (Letzter Zugriff: 16.06.2012)

SUPERQUEEN.WORDPRESS.COM (2010): Abb. 51: S. 103, Abb. 66: S. 116: Let Louis Vuitton and Hermes Tell You a Fairy-Tale, 25.04.2010: http://superqueen.wordpress.com/2010/04/25/fairy-tales/ (Letzter Zugriff: 18.07.2012)

SOWRAY, Bibby (2012): Abb. 72: S. 120: Christian Louboutin creates Cinderella's glass slipper, 05.07.2012: http://fashion.telegraph.co.uk/news-features/TMG9378968/Christian-Louboutin-creates-Cinderellas-glass-slipper.html (Letzter Zugriff: 10.07.2012)

TIME & LEISURE (2011): Abb. 43: S. 98: Cinderella Goes To War, 23.04.2011: http://www.timeandleisure.co.uk/whats-on/previews/691-cinderella-goes-to-war.html (Letzter Zugriff: 18.06.2012)

TRAFFIQ FRANKFURT/MAIN (2012): Abb. 7: S. 16, Kampagne 2012: „Kommt gut an", traffiQ – Busse und Bahnen für Frankfurt, ÖPNV in Frankfurt: http://www.traffiq.de/59538.de.kampagne_kommt_gut_an.html (Letzter Zugriff: 07.07.2012)

WIKIPEDIA: (Letzter Zugriff: 07.07.2012)
   Abb. 20: S. 74:
   http://de.wikipedia.org/w/index.php?title=Datei:Arabian_nights_manuscript.jpg&filetimestamp=20060213065930
   Abb. 22: S. 75:
   http://de.wikipedia.org/w/index.php?title=Datei:Straparola.jpg&filetimestamp=20090121093845
   Abb. 23: S. 75:
   http://de.wikipedia.org/w/index.php?title=Datei:Giambattista_Basile.jpg&filetimestamp=20061014170911
   Abb. 26: S. 79:
   http://de.wikipedia.org/w/index.php?title=Datei:HCA_by_Thora_Hallager_1869.jpg&filetimestamp=20120607212506

WISSEN.DE: Abb. 25: S. 77: http://www.wissen.de/thema/die-brueder-grimm?chunk=leben (Letzter Zugriff: 01.07.2012)

YOUTUBE (o.J.): (Letzter Zugriff: 07.07.2012)
Abb. 8: S. 16: http://www.youtube.com/watch?v=S70Z3dAvoWg
Abb. 34: S. 90: http://www.youtube.com/watch?v=yUKSoLSfBmU
Abb. 35: S. 91: http://www.youtube.com/watch?v=MogJWMvR6IU
Abb. 36: S. 91: http://www.youtube.com/watch?v=Zh4iXSZjaW8
Abb. 46: S. 100: http://www.youtube.com/watch?v=6NAeMGn8m14
Abb. 57: S. 108: http://www.youtube.com/watch?v=g1RT_i8R6MM
Abb. 58: S. 109: http://www.youtube.com/watch?v=cT78c25YShc
Abb. 59: S. 109: http://www.youtube.com/watch?v=RD80zIwZ2og
Abb. 73: S. 121: http://www.youtube.com/watch?v=_RrA-R5VHQs

**Filme**

CINDERELLA, 78 min, US 1950, DVD, DF, Privat, Abb. 14: S. 33

DORNRÖSCHEN (Sleeping Beauty), 71 min, US 1959, DVD, DF, Privat, Abb. 37: S. 92

DORNRÖSCHEN, ARD-Reihe: 6 auf einen Streich, 60 min, DE 2009, DVD, DF, Privat, Abb. 37: S. 92

SCHNEEWITTCHEN UND DIE SIEBEN ZWERGE (Snow White and the Seven Dwarfs), 83 min, US 1937, DVD, DF, Privat, Abb. 4: S. 9

**Die Autorin:**

Mag. Natascha Thaler wurde 1983 in Kärnten geboren und ist im Medienbereich tätig.

Von frühester Kindheit an begegneten der Autorin Märchen und Märchenhaftes in vielen verschiedenen medialen Formen. Diese medialen Umsetzungen und Auseinandersetzungen mit einem Kulturgut im Laufe der Zeit schürten die Neugierde der Autorin und so hat sie es sich in diesem Buch zur Aufgabe gemacht, eine Übersicht in den Märchendschungel und einen Erklärungsgrund für die anhaltende Popularität und dem massenhaften Produkten des Märchenzaubers zu finden.